Success strategie di successo

Do It Tomorrow

e altri segreti del time management

Uno fra i 10 migliori
life coach del Regno Unito
—The Observer

Mark Forster

Edizione Originale:

Do It Tomorrow — and Other Secrets of Time Management / Mark Forster

© 2006 Mark Forster. All rights reserved.

Published by HODDER & STOUGHTON.

A division of HODDER HEADLINE LTD. London - UK -

Edizione Italiana:

© 2009 SANGIOVANNI'S SRL

Andromeda 19 - Cassina De' Pecchi - MI - ITALY -

www.sangiovannis.com

Do It Tomorrow
e altri segreti del time management
by Mark Forster

I EDIZIONE NOVEMBRE 2009

ISBN 978-88-95253-08-4

Traduzione dall'americano a cura di Francesca Rosolen
Revisione: Alessio Salerno
Copertina: Francesco Di Gregorio *per* Tomatofarm
Stampa: Finito di stampare nel mese di novembre 2009 presso
la tipografia: Monotipia Cremonese — Cremona

Tutti i diritti sono riservati. Nessuna parte del libro può essere riprodotta o diffusa con qualsiasi mezzo senza il consenso scritto dell'editore.

All rights reserved. No part of this book may be reproduced or transmitted by any means without written permission from the publisher.

a Lucy

INDICE

RINGRAZIAMENTI

Desidero ringraziare i miei clienti che frequentano le lezioni di *coaching* e tutti coloro che hanno partecipato ai miei seminari sull'argomento per l'immensa quantità di feedback che mi hanno dato, grazie soprattutto alle domande difficili che mi hanno rivolto.

Vorrei inoltre ringraziare mia moglie Lucy, la mia coach Rachel Pryor e i miei partner di pensiero Katie Rowland e Nadjeschda Hebenstreit per il supporto, l'aiuto e le idee.

GUIDA RAPIDA
Come riuscire a fare tutto, facendolo *domani*

1 Mettete tutto il lavoro arretrato all'interno di apposite cartelline degli "Arretrati" (una per le e-mail, una per i documenti cartacei eccetera); dopodiché, sistemate le cartelline dove non potete vederle.

2 Raccogliete tutto il lavoro che vi arriva durante il giorno e sbrigatelo, tutto insieme, il giorno dopo. Raggruppate tra di loro le attività simili — e-mail, documenti cartacei, telefonate, compiti ecc. Il vostro obiettivo dovrà essere quello di riuscire a finire tutto su base giornaliera.

3 Se qualcosa è troppo urgente per poter essere rimandato al giorno seguente, scrivetelo in un'apposita lista e occupatevene non appena avrete un attimo di tempo, durante la giornata. Non fate niente, nemmeno l'azione più semplice, senza averla prima scritta nella lista.

4 Ogni giorno, per prima cosa, dedicate un po' di tempo allo smaltimento del lavoro che avete messo nelle cartelline degli "Arretrati". Quando vi sarete finalmente liberati degli arretrati, trovate qualcos'altro che volete sistemare e incominciate la giornata facendo proprio quello, come prima cosa.

Seguendo questa semplice procedura, entro domani avrete il pieno controllo sul lavoro *nuovo* e sarete sulla buona strada per "eliminare" quello *vecchio*.
Il testo vi spiegherà come riuscirci, in modo molto dettagliato;
ma il metodo consiste essenzialmente in queste 4 mosse.

*Lamentarsi della mancanza di temp...
ha senso; sarebbe come se un pesce si
lamentasse della mancanza di acqua...
in pieno oceano.*

CAPITOLO 1

DI COSA PARLA QUESTO LIBRO

L O SCOPO DI QUESTO LIBRO È FARVI DIVENTARE AL 100 per cento creativi, ordinati ed efficienti.
Nei miei due testi precedenti, ho esaminato alcune tecniche, molto diverse tra loro, per arrivare ad avere il pieno controllo sul proprio tempo e sul proprio lavoro. In *Get Everything Done and Still Have Time to Play*, ho dapprima analizzato i difetti dei metodi tradizionali di gestione temporale per poi prendere in considerazione alcune alternative migliori. In *How to Make Your Dreams Come True*, ho addirittura cercato di eliminare *tout court* il concetto di gestione del tempo, in favore di un metodo in grado di far sì che siano gli obiettivi stessi ad **attirarci** verso di loro.

Entrambi questi libri hanno ottenuto una buona accoglienza di pubblico, anche se le loro teorie non hanno certo modificato le nostre abitudini sociali. I problemi e le tensioni della vita moderna *non* sono stati eliminati; anzi, le pressioni a cui tutti noi siamo sottoposti sul lavoro sono aumentate ancora di più. Proprio l'altro giorno, sono stato intervistato da un giornalista che stava scrivendo un articolo sulla gestione del tempo, e che mi ha posto alcune delle tipiche domande che mi vengono *continuamente* rivolte.

⊃ Sono sempre di corsa. Come posso rallentare?

⊃ Mangio sempre di fretta. Come posso prendermela con più calma?

⊃ Sono costretto a fare contemporaneamente sempre più cose. Come faccio a focalizzarmi meglio?

⊃ Mi sento costantemente in colpa perché non riesco a trascorrere abbastanza tempo con la mia famiglia. Come posso fare per migliorare la situazione?

⊃ Non ho mai tempo per fare ginnastica. Dove lo trovo?

⊃ Quando riuscirò ad andare in vacanza? Non ne ho davvero il tempo.

Queste sono domande piuttosto comuni. Il giornalista me le stava ponendo in quanto credeva potessero essere di interesse per i suoi lettori, ma le risposte servivano anche a *lui*.

Tutte queste domande implicano che nella nostra vita ci sia una scarsa disponibilità di tempo. Ma è proprio così? Ci manca davvero il tempo? La risposta è *no*. **Il tempo è il mezzo in cui esistiamo.** Lamentarsi della mancanza di tempo non ha senso; sarebbe come se un pesce si lamentasse della mancanza di acqua, in pieno oceano. La prossima volta che vi troverete a protestare perché "non ci sono abbastanza ore al giorno", immaginate per un momento che le giornate durino 48 ore. Sarebbe sufficiente questo a permettervi di prendere il pieno controllo della vostra vita? Probabilmente no! *Quasi sicuramente rimarreste indietro esattamente come ora.*

È significativo che il giornalista abbia ritenuto necessario pormi proprio quelle domande; suonano apparentemente come l'esatto contrario dei consigli che continuiamo a dare a noi stessi, ai nostri amici e alla nostra famiglia. In effetti, sono domande che *rigirate* potrebbero essere facilmente trasformate in **regole di vita:**

⊃ Non andare di fretta.
⊃ Mangia con calma.
⊃ Concentrati su una cosa sola per volta.
⊃ Dedica abbastanza tempo alla tua famiglia.
⊃ Fai un'adeguata attività fisica.
⊃ Vai in vacanza regolarmente.

Quindi, tutto quello che il giornalista e i suoi lettori dovrebbero fare è *decidere* di rispettare queste semplici regole. **Semplice, no?**

Ma la vita non è mai così semplice. Quello che *decidiamo* di fare e quello che *effettivamente* facciamo sono due cose diverse. Quante delle decisioni che avevate preso l'anno scorso siete riusciti a mantenere, o state mantenendo, in maniera soddisfacente? Pensateci. Se rientrate nella media, avrete certamente messo in pratica alcuni buoni propositi; ma, altrettanto sicuramente, avrete lasciato che molti altri si risolvessero con un nulla di fatto.

Non è quindi facile mettere in pratica le decisioni prese, neppure quelle apparentemente semplici come, per esempio, trovare il tempo di pranzare come si deve. Forse riusciremmo a imporci di rispettare la nuova regola per qualche giorno o settimana, ma dopo non molto le pressioni lavorative ci costringerebbero a fare delle eccezioni. Nel giro di pochi giorni, l'*eccezione diventerebbe la regola* e ci ritroveremmo al punto di partenza. E per quanto ci sforzassimo di trovare dei motivi razionali per giustificare il fatto di essere venuti meno ai nostri propositi, dentro di noi sapremmo **che la colpa non è delle circostanze, ma della nostra incapacità di tenere fede a una decisione presa.**

In tutta onestà, a volte riusciamo a convincere più facilmente gli *altri* a fare quello che vogliamo facciano, piuttosto che *noi stessi*. Ci piace immaginarci come una sorta di entità indipendente che abita il corpo e lo controlla; eppure, se esaminiamo il nostro comportamento, ci accorgiamo che nella maggior parte dei casi non è affatto così. Il corpo si autocontrolla quasi sempre autonomamente. Ci illudiamo di controllarlo, ma si tratta, appunto, di un'illusione.

Per avere la percezione di quanto poco riusciamo a controllare noi stessi, alla maggior parte di noi basterà guardarsi allo specchio. Anche subito, se volete. Interrogatevi sulla vostra immagine:

⊃ La mia salute è quella che vorrei?
⊃ La mia forma fisica è quella che vorrei?
⊃ Il mio peso è quello che vorrei?
⊃ Il mio modo di vestire è quello che vorrei?

Non vi sto chiedendo di esprimere un giudizio sul corpo che vi è toccato in sorte, ma sul modo in cui lo trattate, sulle condizioni in cui versate.

Magari siete sani, in forma, magri e ben vestiti.

In questo caso, considerate il vostro ufficio o il posto di lavoro:

⊃ È organizzato come vorreste?
⊃ È pulito quanto vorreste?
⊃ I vostri sistemi d'ufficio (archiviazione, fatturazione, corrispondenza ecc.) funzionano tutti come vorreste?

Se avete risposto *sì* a tutte queste domande, probabilmente *non* avete bisogno di leggere questo libro.

Vi ho appena chiesto di esaminare due aspetti della vostra vita che dipendono direttamente da *voi* e sono pochissimo influenzati da *fattori esterni*. Se neppure questi sono come vorreste che fossero, *come potete dire di riuscire a controllare qualcosa?* Questa difficoltà è, in larga parte, dovuta al modo in cui è strutturato il cervello. Abbiamo l'illusione di essere una persona unica, che agisce come un *tutt'uno*. Ma basta rifletterci su (ed esaminare le nostre azioni, come abbiamo fatto poco fa) per rendersi conto che *non* è affatto così. Il nostro cervello è composto da parti diverse, ognuna delle quali ha compiti, e spesso priorità, diversi.

Semplificando grossolanamente, si potrebbe dire che tutti noi abbiamo un *cervello razionale* e un *cervello reattivo*. Anche se non è vero dal punto di vista scientifico, pensare di avere *due* cervelli è utile quando si parla di gestione temporale; ci aiuta a capire perché troviamo così difficile mettere in pratica le nostre decisioni.

Immaginate il *cervello razionale* come se fosse una specie di agenzia governativa impegnata a preparare piani e regolamenti da imporre al resto del corpo. Ha moltissime idee su come, per esempio, aumentare il giro d'affari, migliorare il benessere famigliare, tenere in forma il corpo e mangiare in modo sano. Ma come accade alla maggior parte delle agenzie governative, i piani funzionano bene finché non si scontrano con la realtà.

Nel caso del funzionamento interno del cervello, **la realtà con cui i programmi del cervello razionale si vanno a scontrare è rappresentata dal cervello reattivo.** Immaginate il *cervello reattivo* come se fosse una lucertola stesa al sole sopra una roccia. Quando intravede una minaccia, per esempio un predatore, si nasconde sotto la roccia e rimane immobile. Quando, invece, vede avvicinarsi un insetto succulento, lo cattura al volo. Non deve pensarci su.

Agisce spinta da una reazione pre-programmata. Non le importa molto dei piani del cervello razionale. L'unica cosa che conta è se quello che ha davanti è una minaccia o un insetto succulento. Questa parte del cervello è fondamentale per la sopravvivenza. Provate a immaginare di dover ricorrere ai processi del pensiero razionale per evitare di investire un bambino che sta attraversando la strada, all'improvviso, mentre state guidando. In questi casi, è essenziale riuscire a reagire velocemente a una minaccia immediata.

Al contrario, quando si tratta di prendere decisioni o di fare progetti, è il cervello razionale che dovremmo utilizzare. Infatti, se gestissimo le nostre giornate sulla base delle indicazioni che riceviamo dal cervello reattivo, il nostro lavoro si trasformerebbe in una *serie continua di reazioni* a stimoli esterni. A pensarci bene, questa è una buona descrizione di come molte persone gestiscono le proprie giornate. È come se fossero costantemente impegnate a *domare un incendio*: passano impetuosamente da una cosa all'altra, senza riuscire a mantenere l'attenzione su niente così a lungo da rendere possibile una riflessione adeguata. Il cervello reattivo *non* è un buon datore di lavoro.

Quando il cervello razionale e il cervello reattivo entrano in conflitto, il cervello reattivo, di solito, vince perché è più forte.

Possiamo, ad esempio, programmare di fare quotidianamente un po' di esercizio fisico, ma prima o poi arriverà il giorno in cui farà troppo freddo o pioverà a dirotto. Per il cervello reattivo questa è una minaccia, ed ecco che il nostro piano razionale se ne va a farsi benedire. Oppure, magari, decidiamo di metterci a dieta, stabilendo razionalmente quello che possiamo e *non* possiamo mangiare. Ma poi, un giorno, ci ritroveremo davanti a una fetta di torta al cioccolato, e al nostro cervello reattivo non importerà davvero nulla di ciò che pensa il cervello razionale: la afferrerà al volo come se fosse un "insetto succulentissimo!"

A questo punto, potreste cominciare a chiedervi come sia mai possibile rimettersi in forma, perdere peso o portare a termine un obiettivo di qualsiasi tipo. Visto che c'è chi ci riesce, evidentemente si può; e il cervello reattivo *non* sempre vince. Il motivo per cui ciò accade è che *il cervello razionale ha un enorme vantaggio su quello reattivo: è* intelligente; *mentre il cervello reattivo* non *lo è!* Questo significa che è in grado di escogitare delle strategie per controllare il cervello reattivo — proprio come il governo mette in campo un intero apparato di ispettori, polizia, tribunali legali, moduli da riempire, funzionari e quant'altro per assicurarsi che i suoi piani vengano attuati. Senza questa struttura, nessuno farebbe il minimo caso alle indicazioni governative.

Solo raramente il successo di un progetto è una questione di *forza di volontà*. Di solito dipende dal fatto di aver allestito o meno la giusta struttura per supportarne l'implementazione. Ogni progetto necessita degli equivalenti mentali e fisici di un apparato governativo di controllo. A dire il vero, così come nessuno si preoccuperebbe del governo senza questa struttura di sorveglianza, allo stesso modo, il cervello reattivo *non* si curerebbe minimamente dei piani del cervello razionale senza le strutture allestite da quest'ultimo per tenerlo sotto controllo.

Queste strutture di supporto possono assumere svariate forme. In questo libro, ne esamineremo alcune ma, in realtà, le possibilità sono infinite. **Il fine ultimo è sempre lo stesso: rendere *più facile* fare la cosa giusta, piuttosto che quella sbagliata.** È più facile presentare o *non* presentare la dichiarazione dei redditi? Di per sé, ovviamente, sarebbe molto più facile *non* farlo; ma il governo ha allestito un'apposita struttura per rendere difficilissimo evadere quest'obbligo — volenti o nolenti! Alla lunga, quindi, è più facile presentarla; e infatti, la maggior parte di noi finisce per farlo, anche se controvoglia.

Una delle aree chiave in cui è indispensabile che il cervello razionale riesca a controllare quello reattivo è l'area della *resistenza* e della *procrastinazione*. La resistenza che opponiamo allo svolgimento di un compito dipende in larga parte dal fatto che il cervello reattivo consideri tale compito una minaccia. E per quanto il cervello razionale si affanni a ribadire l'importanza di eseguirlo, fino a quando questo compito verrà percepito come minaccia, il cervello reattivo terrà il "freno a mano" tirato.

In casi come questo, il cervello razionale dovrà usare la *furbizia* per convincere il cervello reattivo che non si trova davanti a una minaccia. Il modo più facile per riuscirci è quello di fingere con se stessi che non si sta svolgendo il compito in questione.

Ricordate: *il cervello reattivo non è intelligente e quindi non è in grado di decifrare le strategie messe in atto dal cervello razionale.*

Una frase come: "Non ho nessuna intenzione di scrivere quella relazione adesso, mi limiterò solamente ad aprire il file", farà sì che il cervello reattivo *abbassi la guardia*. Dal momento che la semplice apertura del file *non* viene percepita come una minaccia, il cervello reattivo non ha alcuna ragione per continuare a opporre resistenza. Molto spesso, il risultato è che si finisce per scrivere la relazione per intero.

Questo è solo uno dei modi in cui possiamo sfruttare le capacità strategiche del cervello razionale per controllare il cervello reattivo. Il nostro obiettivo non è sbarazzarci di quest'ultimo, ma assicurarci che le due parti del cervello *collaborino* tra loro, invece di *combattere* tra loro. Nell'esempio di cui prima, siamo partiti da un conflitto: il cervello razionale aveva intenzione di scrivere la relazione, mentre il cervello reattivo si opponeva, in quanto considerava tale compito una minaccia. *Una volta vinta la resistenza iniziale,* sia il cervello razionale che quello reattivo hanno potuto collaborare insieme alla stesura del testo.

Se riuscissimo sempre a far collaborare il cervello reattivo ai piani pensati dal cervello razionale, saremmo in grado di tenere fede alle nostre decisioni molto più regolarmente di quanto la maggior parte di noi non faccia. La sequenza ideale dovrebbe essere: **Pensiero — Decisione — Azione**. In sintesi, la parte razionale del cervello controllerebbe tutte le altre per riuscire a raggiungere il risultato desiderato.

In questo modo, ogni giorno saremmo in grado di pianificare ciò che sarebbe meglio fare per arrivare a tagliare i nostri traguardi, e agire quindi nel modo più diretto, efficace ed efficiente possibile. Naturalmente, alcune persone già lo fanno, e se siete una di queste non avete alcun bisogno di leggere questo libro.

Purtroppo, nella maggior parte dei casi, il cervello razionale non sa quali strategie adottare per controllare il cervello reattivo. Perciò tendiamo a fare affidamento esclusivamente sulla *forza di volontà*. Ma in questo modo siamo destinati a fallire, perché alla sequenza ideale descritta sopra se ne *oppone* un'altra più *potente* e *istintiva*: **Stimolo — Reazione**. Senza le strutture giuste per tenerla sotto controllo, la sequenza Stimolo — Reazione tenderà sempre ad avere il sopravvento su quella Pensiero — Decisione — Azione.

Non conoscere le strutture giuste significa perciò essere in balia di stimoli casuali. Nonostante tutte le nostre decisioni altamente razionali, bastano solo pochi imprevisti perché le nostre giornate, perfettamente pianificate, si riducano al caos. Reagiamo come polli senza cervello al gioco degli eventi. È sufficiente una telefonata, una difficoltà, una domanda inaspettata ed ecco che il nostro programma giornaliero comincia a vacillare. Qualche altro evento casuale e tutto crollerà come un castello di carte. Non c'è proprio da stupirsi che alla fine molte persone smettano del tutto di cercare di pianificare le proprie giornate.

Potete trovare un buon esempio di questo nel mio primo saggio, *Get Everything Done and Still Have Time to Play*. Nel libro spiegavo un esercizio preliminare che voleva essere un modo facile per poter incrementare la forza mentale, ma che di fatto si è dimostrato troppo difficile per quasi tutti quelli che ci hanno provato. Sicuramente, alcune persone ci saranno riuscite, ma vi assicuro che non mi è mai capitato di incontrare qualcuno che ci sia riuscito per più di qualche giorno consecutivo!

L'esercizio è di per sé semplice. *Se volete provarlo, tutto quello che dovete fare è scegliere un compito da fare domani, e farlo.*

Se ci riuscite, scegliete per il giorno successivo un compito diverso, leggermente più difficile. E continuate così, giorno dopo giorno, aumentando leggermente, di volta in volta, la difficoltà del compito da svolgere. Quando avrete acquisito una sicurezza tale da essere certi di riuscire sempre a eseguire il compito prescelto, a prescindere dalla sua difficoltà, ripetete lo stesso processo, ma con due compiti.

Non importa se i compiti sono importanti o del tutto assurdi. L'idea è quella di farli per il semplice motivo di aver *deciso* di farli e per nessun'altra ragione.

Benché l'esercizio possa sembrare una bazzecola, in realtà è estremamente difficile. Anche se il primo giorno si comincia da un compito semplicissimo (per esempio spostare una graffetta da un punto all'altro della scrivania) e si procede con incrementi di difficoltà minimi, è quasi impossibile riuscire a continuare a lungo. La ragione sta nel fatto che prima o poi si raggiungerà un livello di difficoltà tale da incominciare a opporre una certa resistenza attiva alle azioni necessarie per eseguire il compito. Ed è proprio in base a quanta resistenza suscita in noi che generalmente valutiamo la difficoltà di un'azione proposta, non in base a quanta abilità o competenza tecnica richieda. Per questo, molte persone considerano difficile compilare la dichiarazione dei redditi, anche se, in verità, non richiede alcuna vera abilità.

Nello stesso libro, suggerivo anche un'altra tecnica, ossia di fare proprio quello verso cui il nostro cervello oppone più resistenza. A riguardo, ho però riscontrato che possono verificarsi una o due situazioni. O, dopo un po', la mente contrattacca, rifiutandosi di fare quello verso cui opponiamo più resistenza, oppure ci si riesce a persuadere a opporre resistenza alle cose più facili e insignificanti. Il mio secondo manuale, *How to Make Your Dreams Come True*, proponeva un punto di vista molto diverso sulla gestione del tempo. Invece di occuparsi dei sistemi meccanici per disbrigare il lavoro, insegnava a raggiungere i propri obiettivi facendo sì che fossero proprio questi ad attirarci verso di loro. Il libro consigliava di avere una visione chiara, di parlare e di pensare solamente a quello che "andava bene". Anche se erano consigli che funzionavano, i lettori erano portati a credere di poter realizzare i propri obiettivi senza dover agire su di sé per fare il lavoro piuttosto strutturato che consigliavo. Il risultato era che tendevano a lasciarsi trascinare, piuttosto che muoversi intenzionalmente verso i propri obiettivi.

Da quando ho scritto questi due libri, ormai qualche anno fa, non ho mai smesso di tenere corsi, seminari di gruppo e lezioni individuali, il che mi ha permesso di comprendere meglio alcuni dei problemi che le persone si trovano ad affrontare. Ho quindi potuto sviluppare dei metodi che prendono spunto dai libri precedenti, ma vanno molto oltre. E in questo volume vi illustrerò quali sono.

Nel prossimo capitolo esaminerò i princìpi che ho utilizzato per costruire un nuovo sistema di gestione temporale. Ho scoperto, infatti, che una corretta gestione di noi stessi *non* può prescindere da alcuni princìpi fondamentali, sui quali ho basato le tecniche che vi proporrò. Ognuna di esse è l'espressione di uno o più dei seguenti princìpi:

☆ Avere una visione chiara

☆ Fare una cosa alla volta

☆ Fare poco e spesso

☆ Porsi dei limiti

☆ Usare le liste chiuse

☆ Ridurre la casualità

☆ Impegnarsi vs. Interessarsi

☆ *Autofocus* (AF), il nuovo sistema di Mark Forster. Scaricatelo gratis dal sito della Sangiovanni's — N.d.R.

Test di autovalutazione
Situazioni / Risposte

Quali delle seguenti situazioni sono un esempio della sequenza **Pensiero — Decisione — Azione**, e quali invece della sequenza **Stimolo — Reazione**?

1. Ritornate in ufficio dopo essere stati da un cliente e scaricate le e-mail per vedere che cosa è arrivato. Rispondete alle due o tre che vi sembrano più urgenti e a qualcun'altra che *non* richiede più di una riga di risposta. Lasciate le altre per dopo.

   ✘ Questo è un classico esempio di sequenza **Stimolo — Reazione**. Avete reagito alle e-mail che hanno catturato la vostra attenzione e avete lasciato le altre per un non meglio precisato momento futuro. In questo modo, state pur certi che accumulerete un arretrato di e-mail.

2. Un cliente vi telefona per chiedervi alcune informazioni. Promettete di rispondergli immediatamente.

   ✘ **Stimolo — Reazione.** Interrompete ciò che state facendo per cercare le informazioni richieste. Ma niente indica che queste siano davvero urgenti.

3. Lavorate come commesso in un negozio di scarpe. Servite subito un cliente che vi chiede di provarne alcune paia.

   ✔ **Pensiero — Decisione — Azione.** I negozi sono organizzati proprio per fornire risposte immediate ai clienti. In questo caso si tratta di pianificazione e organizzazione, non di reazione.

4 Un amico vi manda via e-mail il link di un nuovo, fantastico sito Internet. Lo andate a visitare subito.

✘ Stimolo — Reazione. Non c'è assolutamente alcun motivo per cui dobbiate andare a visitare il sito ora; a meno che, ovviamente, non vi serva una scusa per *non* lavorare!

5 La vostra segretaria vi porta alcune lettere da firmare. Lo fate subito, in modo che possa andare in posta a spedirle.

✔ Pensiero — Decisione — Azione. Si presume che vi siate organizzati in modo tale che la vostra segretaria vi porti le lettere da firmare a una specifica ora del giorno. È una questione di pianificazione e organizzazione.

6 Il vostro capo vi scarica sulla scrivania un sacco di lavoro da evadere entro fine giornata. Vi prende il panico; avevate già più cose da fare di quante eravate in grado di gestire.

✘ Stimolo — Reazione sia da parte vostra sia da parte del vostro capo. Il vostro capo, dopo aver tenuto il lavoro nel cassetto per settimane, è stato probabilmente colto dal panico. E lo stesso avete fatto voi, invece di studiare razionalmente un modo per riuscire a svolgere il lavoro extra.

7 Siete un vigile del fuoco. Dovete rispondere a un'emergenza.

✔ Pensiero — Decisione — Azione. I vigili del fuoco sono organizzati per rispondere alle emergenze in modo programmato e sistematico.

8 Ritornate da una vacanza e trovate nel PC, ad aspettarvi, 800 nuove e-mail. Impiegate diverse ore per evaderle tutte.

✔ Pensiero — Decisione — Azione. Confrontate questa situazione con quella # 1. In questo caso si tratta di una decisione programmata di smaltire tutte le e-mail, e non di pescarne alcune a casaccio.

Avere una visione chiara significa vedere chiaramente sia quello che si intende fare sia quello che si intende non fare.

CAPITOLO 2

I PRINCÌPI

☆ Avere una visione chiara
☆ Fare una cosa alla volta
☆ Fare poco e spesso
☆ Porsi dei limiti
☆ Usare le liste chiuse
☆ Ridurre la casualità
☆ Impegnarsi vs. Interessarsi
☆ Di che cosa abbiamo bisogno?

PRIMO PRINCIPIO
Visione chiara

Il mio primo principio è avere una visione chiara. Naturalmente, non c'è niente di nuovo nel sottolineare l'importanza di avere una visione — come qualsiasi manuale di *self-help* o di *business* insegna. Chiunque oggigiorno ha una visione. Potremmo affermare che la "dichiarazione di visione" sia diventata quasi un cliché nel mondo degli affari. Ma lo è anche il fatto che la dichiarazione di visione della maggior parte delle aziende sia alquanto priva di senso. Sospetto che ciò valga anche per la maggior parte delle dichiarazioni di visione personali. Molte persone e aziende hanno una visione, ma quante hanno una visione *chiara*? Lo scopo di una visione è di fare **chiarezza** e guadagnare *focalizzazione*. Se non svolge questa funzione, è quanto meno inutile.

A un'azienda serve davvero a fare chiarezza avere una dichiarazione di visione del tipo "Il nostro obiettivo è diventare leader di mercato nel nostro settore", soprattutto se tutti i suoi concorrenti ne hanno una identica? Inoltre, chi diavolo se ne importa di chi è il leader di mercato, a meno che l'obiettivo dell'impresa non sia costruire il più grande impero possibile?! Nel qual caso, forse, sarebbe più onesto dichiararlo. Dubito, però, che "intendiamo costruire il più grande impero possibile" andrebbe molto bene agli azionisti. Eppure, probabilmente, è proprio questa la visione che ispira molte aziende.

Perciò, se non si sta attenti, invece di portare chiarezza, le nostre dichiarazioni di visione possono trasformarsi in cortine fumogene. La domanda che ci dovremmo porre continuamente è: "Qual è il mio/nostro obiettivo?" E dovremmo farlo sia quando ci sediamo per scrivere una lettera di reclamo — anzi, soprattutto in questo caso — sia quando stiamo stabilendo la strategia per un investimento multimilionario.

Più chiara sarà la visione, più probabilità avremo di realizzarla. La visione dovrebbe, infatti, servire a far convergere gli sforzi nella direzione della focalizzazione, *non* a confondere le acque facendo perdere di vista l'obiettivo. Il che, di solito, significa che deve essere definita il più precisamente possibile.

Tuttavia, non basta avere una visione chiara solamente di quello che *si intende fare*; è necessario avere una visione chiara anche di quello che *si intende* **non** *fare*. Serve a stabilire dei limiti d'azione.

Quando, al ristorante, scegliete che cosa ordinare, state anche, nello stesso momento, dicendo di "no" a tutto il resto del menu. Allo stesso modo, quando decidete di compiere un'azione, non dovreste soltanto decidere quale azione compiere, ma dovreste contemporaneamente decidere quali azioni *non* compiere; ossia scartare tutte le alternative d'azione possibili.

Esercizio

Invece di scrivere la lista delle cose da fare domani in ufficio, provate a scrivere la lista delle cose da *non* fare. Per esempio:

⊃ Non rispondere al telefono prima delle 11.

⊃ Non lavorare durante la pausa pranzo.

⊃ Non lavorare dopo le 18.

⊃ Non occuparsi di progetti diversi dal Progetto X.

⊃ Non dedicare più di mezz'ora a rispondere alle e-mail.

⊃ Non occuparsi di niente che non sia scritto nella lista delle cose da fare, finché tutte le voci della lista non saranno state completate.

Molti dei nostri problemi di gestione temporale derivano dal fatto che il nostro lavoro non è adeguatamente *delimitato*.

Se durante il giorno cerchiamo di fare "tutto", è inevitabile che finiremo per avere una giornata *spezzettata* e *defocalizzata*. Per usare una metafora, **dobbiamo scegliere un pasto che siamo in grado di mangiare, senza fare indigestione.**

Una cosa alla volta

Il secondo principio — fare una cosa alla volta — è una logica conseguenza del primo. Non c'è niente di peggio che suddividere troppo i propri *sforzi* e la propria *attenzione*. È necessario imporre dei limiti adeguati al lavoro che si sta svolgendo, e il limite più importante da porre è *occuparsi solamente di una cosa alla volta*.

Alla fine del paragrafo precedente, ho fatto l'esempio di come, quando andiamo a mangiare fuori, rifiutiamo di fatto tutto quello che c'è sul menu, tranne il pasto che intendiamo consumare in quel momento. Al ristorante, non ci facciamo problemi a farlo, perché sappiamo di non essere fisicamente in grado di mangiare più di tanto — e che comunque ordinare tutto quello che c'è sul menu sarebbe troppo costoso. Invece, quando si tratta di scegliere dal menu della vita le "portate" su cui lavorare, sembriamo incapaci di resistere alla tentazione di cercare di "mangiare" molto oltre le nostre capacità digestive. Come dice il proverbio: "Abbiamo gli occhi più grandi della bocca". Ma proprio come non siamo fisicamente in grado di mangiare un pasto eccessivamente abbondante, non siamo neppure in grado di fare tutto quello di cui ci siamo fatti carico. Oltretutto, con conseguenze che, con molta probabilità, si dimostreranno molto costose.

Affrontare una cosa per volta, portarla a compimento e poi dopo passare a quella successiva è sempre stato il modo di procedere delle persone di successo; a prescindere da ciò che si intenda per *successo*. Abbiamo la tendenza a credere che le persone di *non* successo siano tali perché se ne stanno a oziare tutto il giorno senza far niente. Ma spesso lo sono per il motivo esattamente *opposto*: iniziano troppi progetti in una volta — tutti meravigliosi — ma senza mai riuscire a portarne a termine nemmeno uno.

Naturalmente, nessuno ha una vita così semplice da potersi permettere il lusso di concentrarsi letteralmente su *una* cosa sola escludendo tutto il resto. Ci saranno sempre delle incombenze di routine da svolgere, con cadenza quotidiana o settimanale. Ci serve quindi un buon sistema gestionale che renda possibile tenere rigorosamente sotto controllo i compiti di routine, così da supportare il nostro sforzo principale, invece di ostacolarlo. Se il lavoro di routine è ben gestito, con sistemi semplici ed efficaci, potremo indirizzare la nostra creatività e immaginazione esattamente dove dovrebbero essere convogliate, senza distrazioni.

Il seguito di questo libro è quasi interamente dedicato a spiegare in che modo sfruttare questo principio per focalizzarsi sullo svolgimento del proprio lavoro quotidiano, in modo sistematico. Per ora, se volete, potete cimentarvi nell'esercizio seguente che vi permetterà di sperimentare in prima persona il potere di *fare una cosa alla volta*.

Esercizio

Scrivete su un foglio di carta l'elenco di tutte le cose che intendete fare in un determinato giorno. Prendete in considerazione sia il lavoro che la vita privata. Non includete niente per cui sia già stata stabilita una scadenza. In teoria, dovrebbe essere un elenco di cose che non verrebbero svolte a meno che non decideste consapevolmente di farle.

Sceglietene una da fare per prima. Vi consiglio di cominciare con un progetto piuttosto piccolo.

Dopo di che, riproponetevi due cose: 1) di *concentrarvi sul progetto in questione* fino a quando non sarà stato completato; e 2) di *non occuparvi di altri progetti* finché il primo non sarà finito.

L'esercizio può essere ripetuto più volte. Molto probabilmente, scoprirete di riuscire a fare con successo un sacco di cose!

Poco e spesso

*Il prossimo principio si basa sul fatto che la mente umana lavora
più efficacemente quando fa poco e spesso.* Si tratta di un principio
ben noto nel campo dell'educazione e dell'addestramento, ma si
applica altrettanto bene anche al mondo del lavoro.

Se dovete scrivere un rapporto o completare un progetto, il modo
migliore è lavorarci su *poco* e *spesso,* invece che *tanto* e *ogni tanto.*
Lo stesso vale anche se state cercando di imparare a suonare
uno strumento o a parlare una lingua straniera. Se andate a lezione
una volta alla settimana, il vostro insegnante vi consiglierà di non
aspettare la sera prima per fare i compiti a casa, tutti in una volta,
ma di farne un po' ogni giorno.

Questo principio vale tanto per la mente quanto per il corpo:
il modo migliore per rimanere in forma è allenarsi poco e spesso.
Se non si fa esercizio fisico per settimane, e poi ci si sottopone a
un'unica, lunga seduta di allenamento, c'è il rischio di farsi male.

**Il motivo per cui alla mente piace lavorare in questo modo è
che così ha il tempo di** *assimilare, fare collegamenti* **ed** *elaborare.*
Avrete probabilmente notato che quando tornate a lavorare su un
progetto, dopo una notte di riposo, vi sembrerà di aver fatto dei
passi in avanti. Avete nuove intuizioni; oppure vedete un aspetto
difficile diventare adesso più facile.

Questo principio può essere applicato, per esempio, alla stesura
di articoli, relazioni e addirittura libri. Molte persone affrontano
questo tipo di compiti cercando di scrivere tutto in una volta sola.
Ma questo metodo presenta diversi svantaggi. Primo, la misura del
compito risulta *scoraggiante* e, di conseguenza, la resistenza al suo
svolgimento più *forte.* Secondo, la mente non ha il tempo necessario per elaborare e sviluppare quanto scritto.

In passato non c'era alternativa: battere a macchina molte bozze o, ancora peggio, riscrivere tutto a mano diverse volte richiedeva troppo tempo. Oggi, invece, grazie ai computer che ci facilitano la vita, è facilissimo scrivere una serie di bozze veloci nelle quali il materiale viene progressivamente arricchito e perfezionato.

All'inizio, quando appresi questa tecnica di scrittura a "rapide bozze successive", la mia prima stesura consisteva generalmente in qualche parola buttata lì e niente più. Nella seconda, aggiungevo qualcosa e poi continuavo a revisionare il tutto finché non arrivava ad assumere la forma che volevo.

Questa tecnica presenta due grandi vantaggi. Il *primo* è che ci si libera dell'idea perfezionistica che quello che scriviamo debba nascere già perfetto. Non ha nessuna importanza se una frase è poco scorrevole: potrà essere migliorata nella bozza seguente. Il *secondo* è che questo modo di scrivere stimola nuovi pensieri e intuizioni.

Per esempio, ecco la prima bozza dei due capitoli iniziali di questo libro. Come potete vedere, sono solo alcuni pensieri slegati senza alcun ordine logico. Ci ho messo pochi minuti per scriverla.

* Libri precedenti
* *Get Everything Done and Still Have Time to Play*
* *How to Make Your Dreams Come True*
* Esercizio preliminare
* Troppo difficile
* Principio della resistenza
* Princìpi di base
* Una cosa alla volta
* Poco e spesso
* Limiti
* Liste chiuse
* Ridurre la casualità

Ho poi scritto una seconda bozza che ha richiesto un po' più di tempo, ma non molto, nella quale ho cominciato ad aggiungere idee e pensieri.

* È passato un po' di tempo da quando ho scritto i libri precedenti
* Non è cambiato molto in merito alle pressioni a cui siamo sottoposti
* Stress da lavoro
* Mancanza di equilibrio
* Incapacità di agire come si vorrebbe
* Organizzazione del cervello
* L'ideale sarebbe prendere una decisione e riuscire a portarla a compimento
* Molte nostre decisioni (la maggior parte di esse) non vengono mai realizzate. Perché?
* Pensiero — decisione — azione
* La mente reattiva è più forte di quella razionale
* In *Get Everything Done and Still Have Time to Play*, proponevo un esercizio preliminare che si è rivelato troppo difficile
  → Era indirizzato a costruire la forza mentale, invece ha dimostrato quanto sia difficile fare ciò che si decide
* Principio della resistenza
* Tende a degradare — resistere alle banalità
* Negli ultimi quattro anni ho capito e mi sono venute in mente molte cose
* I princìpi base sono diventati più chiari
* Una cosa alla volta
  → Obiettivo

Cinque bozze dopo, sono arrivato alla forma che state leggendo. (Ossia il libro finito.) Se confrontate questo schema con la versione finale del libro, sarete in grado di vedere in che modo le idee si siano sviluppate ed evolute durante tutto il processo di scrittura.

Porsi dei limiti

Abbiamo già parlato dell'importanza di avere un obiettivo e una visione chiari sia di quello che faremo sia di quello che non faremo. Il prossimo principio si basa su un'altra caratteristica della mente umana. *La nostra creatività si esprime meglio all'interno di limiti definiti in modo rigoroso.* Nonostante quello che insegnano molti esperti di "pensiero creativo", la maniera migliore per esprimere la propria creatività non è pensare senza limiti, bensì definire molto attentamente quali dovrebbero essere questi limiti. Sarà molto più facile concentrarsi, una volta fissati dei limiti precisi.

Molti libri e articoli sulla creatività consigliano di "pensare fuori dagli schemi", di liberarsi da tutto ciò che limita il nostro pensiero. Ma si tratta di un consiglio del tutto sbagliato o quasi. È molto difficile riuscire a essere creativi quando "va bene tutto" e non ci sono limitazioni di sorta, perché sono proprio le *limitazioni* che, di fatto, *stimolano la creatività*.

Sottoponete alla mente un problema circoscritto e vedrete che la mente risponderà. Se vi chiedessi di pensare a un'innovazione rivoluzionaria in grado di migliorare le automobili in generale, il meglio che probabilmente riuscireste a tirare fuori sarebbe qualche vago suggerimento. Se invece vi chiedessi di pensare a come poter migliorare il volante della vostra macchina, quasi sicuramente vi verrebbero in mente alcune idee utili. **Più il problema è** *circoscritto*, **più è** *facile* **trovare una soluzione creativa per risolverlo.**

Un buon esempio di questo sono la rima e la metrica in poesia. Considerate i seguenti versi, tratti da quella che forse è la più bella collezione di poesie del mondo: i *Sonetti di Shakespeare*.

Quando sarò morto, soffoca il tuo pianto;
quando il mesto rintocco della lugubre campana
farà sapere al mondo che me ne sono andato
da questa vile terra in pasto a vermi ancor più vili.
Anzi, se leggerai questi versi, non ricordare
la mano che li scrisse, perché io ti amo tanto
che dai tuoi dolci pensieri vorrei essere dimenticato,
se pensare a me allora dovesse addolorarti.
Oh se, dico, il tuo sguardo cadrà su questi versi,
quando io, forse, sarò mescolato con l'argilla,
non rinnovar, ti prego, il povero mio nome,
ma lascia che il tuo amore insieme a me si spenga;
perché il saggio mondo non guardi dentro al tuo lamento
e non ti schernisca per me dopo che me ne sarò andato.

William Shakespeare — *"Sonetto 71"*

Nello scrivere questo sonetto, la creatività di Shakespeare fu forse ostacolata dalla scelta di utilizzare una forma estremamente convenzionale, in cui erano fissi non solo le rime e lo schema ritmico ma, in una certa misura, anche il contenuto? Certamente no. Riuscì a produrre una magnifica opera d'arte proprio esplorando i limiti dalla forma espressiva scelta. E non lo fece solo una volta, ma 140 — ciascuna con un effetto diverso!

Ma che cosa c'entra questo con la nostra vita di tutti i giorni? Beh, provate a riflettere un attimo sulla vostra vita e sul lavoro. Siete focalizzati a perseguire obiettivi chiari, ben definiti e ben delimitati, oppure vi dividete fra molti progetti mal definiti e mal delimitati? Quale delle due situazioni probabilmente vi renderà più creativi?

Se vi sentite bloccati o senza stimoli, con ogni probabilità il motivo è che i vostri *limiti* sono *illimitati* — senza confini netti.

La soluzione è quindi circoscrivere la vostra vita definendola in maniera più chiara — e "chiusa". Paradossalmente, scoprirete di riuscire a essere molto più liberi all'interno di confini circoscritti, che all'interno di un'illusoria "libertà" che non ha né punto *focale* né *finale;* ed è, in definitiva, insoddisfacente perché non porta da nessuna parte.

Un altro esempio di come dei limiti ben delineati siano in grado di migliorare il funzionamento mentale è rappresentato dai *limiti temporali* — le scadenze. È molto più facile *concentrarsi* a lavorare su un compito da svolgere quando, per completarlo, si ha a disposizione un periodo di tempo limitato.

Se volete lavorare al massimo della concentrazione su qualcosa di importante, cercate di farlo in **intervalli di attività temporizzati**. Con l'esperienza scoprirete qual è la durata di tempo che meglio si addice a voi o al compito in questione. Potrebbe essere un'ora o 20 minuti. Anche solo 5 minuti, nel caso di un compito verso il cui svolgimento mostrate una forte resistenza. Sapendo che smetterete di lavorare in un momento preciso, riuscirete a concentrarvi molto di più di quanto non fareste se non aveste limiti di tempo. Tornerò sugli intervalli di attività temporizzati nel Capitolo 13: "Continuare ad agire".

Un altro modo per imporre dei limiti è rappresentato dalle liste chiuse, che è il mio prossimo principio.

QUINTO PRINCIPIO

Liste chiuse

Una lista chiusa è un elenco di cose da fare delimitato da una riga dopo l'ultima voce, a cui non è possibile apportare nessuna aggiunta. Si contrappone alle *liste aperte*, alle quali invece è sempre possibile aggiungere ulteriori voci.

I vantaggi delle liste chiuse sono molteplici. Il principale è che *rendono possibile occuparsi delle voci in elenco senza che si venga distratti dall'aggiunta di nuove voci* (nuovo lavoro). La lista chiusa è quindi una sorta di cuscinetto fra voi e le distrazioni.

Un'altra caratteristica importante di questo tipo di elenchi è che, una volta chiusi, non possono *allungarsi*. O rimangono della stessa lunghezza o si accorciano. Di fatto, hanno la tendenza naturale ad accorciarsi, in quanto è possibile che alcune delle voci presenti diventino obsolete o perdano di rilevanza.

Inoltre, va sottolineato che, a condizione di riuscire a fare tutto quello che è stato inserito nella lista, non ha nessuna importanza in che ordine vengano risolte le singole voci.

L'esercizio che vi proporrò a pagina 40 è un esempio di lista chiusa. Prevede che si inizi la giornata con un elenco chiuso di voci da svolgere per guadagnare i punti messi in palio per quel giorno. Quello di cui probabilmente vi accorgerete, affrontando l'esercizio seriamente, è che è più facile sbrigare le voci dell'elenco, piuttosto che il resto del vostro lavoro. Soprattutto se vi rifiuterete di fare qualsiasi altra cosa finché non avrete finito la lista. Questo perché il resto del vostro lavoro è *indefinito*; in altre parole è una lista aperta.

L'esempio per antonomasia di lista aperta è la tradizionale lista delle cose da fare (To Do List). Ciò che la rende una lista aperta è la possibilità di aggiungere voci strada facendo. Il che si somma al fenomeno della casualità, di cui parlerò nella prossima sezione.

Un buon esempio di lista chiusa, invece, si ha quando decidete di rispondere alle e-mail ricevute, a intervalli regolari, raggruppandole in blocchi, piuttosto che una alla volta a mano a mano che arrivano. Sperimentando questa tecnica, scoprirete che è molto più veloce ed efficiente evadere un intero blocco di e-mail tutte in una volta, che lasciarsi continuamente distrarre da singole e-mail tutte le volte... per tutto il giorno.

Un altro tipico esempio di lista chiusa sono le **liste di controllo**. Suddividere un compito nei suoi elementi costitutivi e preparare una lista di controllo ne facilita lo svolgimento. Vi accorgerete che preparare una lista di controllo dettagliata *non* aumenta la mole di lavoro; anzi, probabilmente la ridurrà. Un esempio di questo tipo di lista è l'elenco delle cose da fare che il meccanico stila quando si accinge a revisionare un'auto.

Il concetto di lista chiusa — sia sotto forma di blocco che sotto forma di lista di controllo — è uno strumento potente che può essere sfruttato in molti modi. Ad esempio, il titolo di questo libro, *Do It Tomorrow*, fa riferimento proprio a una delle tecniche usate per costruire le liste chiuse, ossia una componente essenziale del sistema di lavoro proposto dal libro.

LISTA APERTA	LISTA CHIUSA
Si possono aggiungere nuove voci	Non si possono aggiungere nuove voci
Tende ad allungarsi	Tende ad accorciarsi
Sequenza di svolgimento importante	Sequenza di svolgimento non importante
Relativamente difficile da evadere	Relativamente facile da evadere
Demotivante	Motivante

Per sperimentare il potere delle liste chiuse, rispetto a quello delle liste aperte, provate a crearne una per smaltire il lavoro arretrato. Molte persone incontrano enormi difficoltà nell'evadere gli arretrati. Sembra, infatti, che il lavoro rimasto *indietro* continui ad andare *avanti* con la stessa velocità con cui viene smaltito, a prescindere da quanto impegno ci si metta. Questo accade perché gli arretrati sono una lista aperta. La soluzione è quindi chiuderla nel modo seguente:

Punto I — Isolare gli arretrati

È necessario spostare gli arretrati dove *non* sia possibile vederli. Nel caso delle e-mail arretrate, ad esempio, potete aprire una cartella che denominerete *Arretrati* e spostare tutta la posta *In arrivo*, lì. Improvvisamente, la casella *In arrivo* sarà vuota — che gioia!

Se invece il vostro arretrato è costituito da documenti cartacei, raccoglieteli in una cartella su cui scriverete *Arretrati*. Se non basta una cartella sola, usate una scatola (conosco persone che utilizzano addirittura una stanza intera!)

Potete applicare lo stesso principio a qualsiasi tipo di arretrato. **Lo scopo è di separarlo e isolarlo dal nuovo lavoro in arrivo.**

Punto 2 — Trovare il sistema giusto per sbrigare il nuovo lavoro in arrivo

Non sarete mai in grado di smaltire gli arretrati finché non avrete il *sistema giusto* per sbrigare il nuovo lavoro in arrivo. In caso contrario, riuscirete soltanto ad accumulare ulteriori ritardi. Chiedetevi: "Una volta smaltito tutto il lavoro arretrato, sarò in grado di *non* accumularne dell'altro?" Se la risposta è "no" dovrete analizzare il vostro modo di lavorare. Non ha nessun senso smaltire gli arretrati finché non avrete migliorato quest'ultimo. Sulla base dei princìpi già illustrati in precedenza, il metodo più facile per smaltire e-mail, documenti... è a blocchi. Nel resto del libro vi fornirò dettagliate istruzioni su come farlo.

Uno dei motivi per cui principalmente accumuliamo arretrati è che ci riempiamo di cose superflue. Eliminate le e-mail di *spam* senza neppure aprirle. Cancellate l'abbonamento alle newsletter che non leggete. Non sottoscrivete abbonamenti inutili. Chiedetevi sempre *perché* state ricevendo qualcosa. Se il volume di cose di cui dovete occuparvi è ancora troppo consistente, continuate a cercare nuovi modi per ridurlo.

Punto 3 — Sbarazzarsi degli arretrati

Una volta completati correttamente i Punti 1 e 2, il vostro lavoro arretrato non potrà che ridursi. Non è necessario cercare di smaltirlo tutto insieme. Potete farlo gradualmente. Nel caso delle e-mail, cercate di evaderle in base all'ordine di arrivo, un giorno per volta. Nel caso dei documenti cartacei, cercate di farlo per argomento — per esempio, prima gli estratti conto bancari, poi le bollette, poi le lettere dei clienti e così via. Esistono innumerevoli modi per evadere gli arretrati e non ha nessuna importanza quale deciderete di adottare. Come ho già sottolineato, gli arretrati tenderanno a ridursi spontaneamente, anche se non farete assolutamente niente a riguardo.

SESTO PRINCIPIO

Ridurre i fattori casuali

Quando domando a un gruppo di persone qual è il principale motivo per cui non riescono a finire il proprio lavoro quotidiano, la risposta che ricevo più spesso è sicuramente: "le **interruzioni**". Questo significa che permettiamo a dei fattori casuali di mandare all'aria i nostri piani giornalieri.

Non sarà mai possibile eliminare del tutto la casualità, perché la vita non è mai così prevedibile. Ma è fondamentale cercare di ridurla al minimo, considerando i problemi che questa comporta.

Ogni volta che facciamo qualcosa di *non* pianificato, stiamo permettendo a un fattore casuale di distruggere i nostri programmi. Significa che stiamo facendo qualcosa, non importa cosa, che non avevamo progettato di fare. Questo potrebbe comunque *non* essere un problema, se riusciamo a fare ciò che avevamo pianificato di fare; ma non è quasi mai così. Di solito, infatti, non ci rimane più il tempo necessario per compiere molte delle azioni programmate, le quali, sfortunatamente, tendono a essere proprio le più difficili o impegnative. Insomma, proprio quelle che è più importante portare a compimento. *I fattori casuali sono i veri killer del nostro lavoro quotidiano.* Un elevato livello di casualità nelle nostre giornate comporta che siano queste a "controllare" noi, piuttosto che noi a controllare loro. Esistono vari gradi di casualità. È inevitabile che ogni giorno si verifichino degli eventi casuali, ma alcune persone lasciano che i propri giorni scorrano in maniera quasi del tutto casuale. Altre, la maggior parte, hanno perlomeno un accenno di piano, scritto o mentale, che spesso però non riescono a rispettare a causa dei tanti eventi casuali che si trovano ad affrontare. Il risultato è che quello che avevano in mente di fare durante il giorno e quello che in effetti fanno diventano due cose completamente *distinte.*

Non potremo mai eliminare del tutto i fattori casuali dalla nostra quotidianità, ma più riusciamo a controllarli e più riusciremo a controllare le nostre giornate. Gli eventi casuali possono provenire da fonti diversissime, per esempio dai clienti, dal capo, dai colleghi, dai subalterni e, in verità, anche da noi stessi. Quello che tendiamo a fare di fronte a un evento casuale è *reagire,* ossia a usare la parte reattiva del cervello. Ad alcuni reagiamo come se fossero delle minacce, ad altri come se fossero dei piaceri. Dobbiamo invece imparare a usare il cervello razionale per poterli controllare, così da poter ridurre al minimo lo scompiglio che creano.

Il vero problema della casualità è che le cose tendono a essere fatte, o non fatte, quasi esclusivamente in base al livello di attenzione che riescono a suscitare — in altre parole, in base a quanto "rumore" fanno. Tra tutti i modi possibili per assegnare un ordine di priorità al nostro lavoro, quello in base al rumore è forse il meno sensato!

Test di autovalutazione
Situazioni / Risposte

Quali delle situazioni sotto riportate *introduce un fattore del tutto casuale* all'interno della vostra giornata?

1 Siete un vigile del fuoco. Insieme alla vostra squadra dovete rispondere a una chiamata di emergenza per spegnere un grande incendio.

   ✔ Rispondere alle chiamate di emergenza è il vostro lavoro. Perciò questo non è un evento casuale. Siete organizzati per rispondere a questo tipo di chiamate. Può darsi che i grandi incendi siano una casualità, ma il modo in cui li affronterete non sarà certo casuale.

2 Il vostro capo vi convoca nel suo ufficio per assegnarvi un nuovo progetto da seguire. Il progetto comporterà per voi una grossa mole di lavoro nelle prossime settimane.

   ✔ Il colloquio con il vostro capo è un evento casuale (non potevate prevederlo), ma il lavoro che vi viene assegnato *non* lo è. Avete alcune settimane di tempo per svolgerlo, perciò potete farlo pianificandolo in modo non casuale.

3 Un amico vi manda un'e-mail con la quale vi invita ad andare a vedere un nuovo, magnifico sito Internet. Cliccate sul link e passate un po' di tempo a guardarlo.

   ✘ Questa è una distrazione assolutamente accidentale che vi siete concessi senza che ce ne fosse alcun bisogno!

4 Un cliente vi telefona con una richiesta urgente che richiede una risposta immediata.

✗ Sì, questo è un evento casuale. Tuttavia, è necessario stabilire in modo chiaro cosa si intende per "richiesta urgente". Scattare agli ordini dei vostri clienti probabilmente non è il modo migliore di lavorare. Se invece il vostro lavoro consiste proprio nel rispondere subito a questo tipo di richieste, dovreste essere adeguatamente organizzati per farlo — nel qual caso, questo non sarà più considerato un evento casuale.

5 Il vostro capo vi affida del lavoro che vuole pronto sulla sua scrivania entro fine giornata.

✗ Questo è un evento casuale molto distruttivo. Se il vostro capo lo fa spesso, sarà necessario parlargliene.

6 Sono un paio di settimane che trascurate di occuparvi di un certo lavoro. Lo affidate al vostro assistente chiedendogli di svolgerlo entro la giornata.

✗ Terribile! Finite per risolvere in modo casuale qualcosa che avreste dovuto fare molto tempo fa e in modo programmatico. Ancora peggio, siete anche colpevoli di aver introdotto un evento casuale, assolutamente superfluo, nel lavoro di uno dei vostri subordinati. E questo è uno dei crimini peggiori che un capo possa commettere in termini di gestione temporale!

7 Dovete uscire a comprare il latte per il frigo dell'ufficio perché ancora una volta nessuno si è ricordato di portarlo.

✗ Patetico! Una carenza organizzativa e di sistema che porta a un'interruzione accidentale.

Impegni vs. Interessi

Considerate la differenza fra queste due affermazioni:

- "Mi interessa scrivere"
- "Mi sono impegnato a tenere una rubrica fissa sul giornale locale"

Che immagini evocano? Che cosa ci sarebbe di strano se qualcuno che avete appena incontrato vi confessasse, chiacchierando, di avere un interesse per la scrittura? A volte penso che a quasi tutte le persone che conosco interessi scrivere. Evidentemente è uno dei sogni nel cassetto più comuni — di solito destinato a rimanere tale. Quando si sente dire che una persona "ha un sacco di interessi", normalmente si ha l'impressione che questa persona conosca piuttosto *superficialmente* molti argomenti diversi, scollegati tra loro, senza averne approfondito nemmeno uno.

Per esempio, non sentireste mai qualcuno dire:

"Beethoven si interessava di musica".

"Shakespeare si interessava di scrittura teatrale".

"David Beckham si interessa di calcio".

Se qualcuno invece dice di essersi *impegnato* a fare qualcosa, l'impressione che se ne ricava è completamente diversa. Siamo portati a pensare che questa persona "viva", "respiri" e "mangi" quella determinata attività. Se sentite dire che un qualcheduno "è impegnato attivamente a raccogliere fondi per un progetto di beneficenza", sapete bene che sarebbe molto meglio stargli alla larga, se non volete ritrovarvi "costretti" a tirare fuori il libretto degli assegni!

Le persone che seguono le mie lezioni di *coaching,* spesso mi parlano dei propri interessi. La maggior parte di loro ha un elenco, piuttosto lungo, di interessi slegati fra loro, i quali, naturalmente, si ostacolano a vicenda. Non c'è davvero limite al numero di cose a cui una persona possa interessarsi; ma è improbabile che ne venga fuori qualcosa, a meno che questo interesse iniziale non si trasformi in un *impegno.* Perciò, uno dei primi passi nel processo di coaching è scoprire in che cosa qualcuno è disposto a impegnarsi.

Il problema degli impegni è che ognuno di noi può averne solo un numero molto limitato. Sì, la parola è proprio *limitato* — ecco che si ritorna alla questione dei limiti. **Gli impegni implicano l'esclusione.** Se siamo veramente impegnati in qualcosa, questo implica che stiamo escludendo tutto quello che potrebbe risultare di intralcio all'implementazione di tale impegno.

Non sto dicendo che ci sia qualcosa di sbagliato nell'avere molti interessi. Le persone senza interessi sono noiosissime. Ma è essenziale capire la differenza che esiste tra essere *interessati a qualcosa* e *impegnati in qualcosa.* È l'impegno a fare la differenza, nella vita come nel lavoro.

Avere ben chiari i propri impegni è una parte essenziale del processo decisionale. Passiamo tutta la vita a prendere decisioni — ogni momento. Se non avessimo i nostri impegni, come punto di riferimento, che ci aiutassero a prendere decisioni, queste non sapremmo su cos'altro basarle. Sia le nostre decisioni che le nostre azioni sarebbero casuali.

Spesso durante il normale e quotidiano processo decisionale — ossia quello che facciamo ogni giorno per decidere — si arriva a una contrapposizione fra cervello reattivo e cervello razionale. Questa contrapposizione, di solito, assume la forma di un conflitto fra *gratificazione immediata e guadagno a lungo termine.*

Facciamo alcuni esempi:

⊃ Vorrei rimettermi in forma, ma vorrei anche mangiare una fetta di torta al cioccolato.

⊃ Vorrei saldare i debiti, ma vorrei anche comprare un nuovo DVD recorder.

⊃ Vorrei andare avanti nella scrittura del mio libro, ma vorrei anche guardare la televisione.

La domanda da porsi, in questo caso, è:

☞ **"Come mi sentirò dopo averlo fatto?"**

⊃ Come mi sentirò dopo che sarò tornato in forma?

⊃ Come mi sentirò dopo aver mangiato la fetta di torta al cioccolato ed essere ingrassato?

⊃ Come mi sentirò dopo che avrò estinto tutti i miei debiti?

⊃ Come mi sentirò dopo aver speso un sacco di soldi per un nuovo DVD recorder e ottenuto un altro debito?

⊃ Come mi sentirò dopo aver finito di scrivere il libro e realizzato il mio sogno?

⊃ Come mi sentirò dopo che avrò sprecato il mio tempo a guardare la televisione mentre il libro rimane un sogno nel cassetto?

☞ **Ecco dove entra in gioco l'impegno!**

Esercizio

Fate l'elenco di tutti i vostri interessi. Per interessi intendiamo delle attività che state pensando di fare, o che al massimo avete fatto solo saltuariamente, escludendo quelle che vi siete già seriamente impegnati a portare avanti. Di solito chi fa questo esercizio elenca attività del tipo:

⊃ Perdere peso
⊃ Fare yoga
⊃ Tornare in forma
⊃ Gestire un'attività indipendente
⊃ Fare volontariato
⊃ Imparare l'inglese, il francese, lo spagnolo o altro
⊃ Prendere un diploma superiore o un'altra qualifica
⊃ Cambiare lavoro

Stilate l'elenco più lungo che potete. Una volta finito, chiedetevi in quali di queste attività siete pronti a impegnarvi seriamente — vale a dire, ad assumervi l'impegno di portarle a compimento. *Eliminate tutto il resto.*

Ora che avete messo a punto il vostro elenco, domandatevi per ognuna delle voci che lo compongono:

⊃ Che cosa mi servirebbe per *iniziare* a impegnarmi seriamente in questa attività?
⊃ Che cosa mi porterebbe a *smettere* di impegnarmi seriamente in questa attività?
⊃ Sarei disposto a *pagare il prezzo* che l'impegno totale in questa attività comporterebbe?

Dopo aver preso in esame le implicazioni di un impegno totale in ciascuna di queste attività, potrete decidere consapevolmente se ve la sentite di impegnarvi davvero in una o più di esse.

DI CHE COSA ABBIAMO BISOGNO?

Ora che abbiamo analizzato i sette princìpi di una buona gestione temporale, in che modo possiamo applicarli sistematicamente? Possiamo organizzarci meglio, invece di rimanere in balia della natura casuale e frammentaria che si impossessa di molte nostre giornate?

Nel prossimo capitolo daremo un'occhiata alle possibilità di realizzazione che un sistema di lavoro più produttivo potrebbe metterci a disposizione. Nel frattempo, però, ecco un paio di esercizi per fare pratica di quello che abbiamo detto finora.

Esercizio 1

Questo esercizio serve a valutare il grado di casualità presente attualmente nelle vostre giornate. Per prima cosa, fate un elenco di ciò che intendete realmente fare domani (o nel corso della vostra prossima giornata lavorativa). Non includete attività già programmate come appuntamenti, riunioni e via dicendo. Calcolate quanto tempo lavorativo non programmato avete a disposizione e decidete precisamente in che modo intendete impiegarlo. Tirate una riga in fondo all'elenco.

Domani dovrete darvi da fare per completare, quindi cancellare, quante più voci possibile. Ma, ecco la cosa più importante di tutte: nel corso della giornata, dovrete annotare, sotto la riga che avete tracciato alla fine dell'elenco, tutto quello che farete e che non era originariamente presente nella lista. *Attenzione!* È davvero facile ingannarsi a riguardo, perciò assicuratevi di includere proprio tutto

— conversazioni con amici e colleghi; sogni a occhi aperti; tempo trascorso a navigare su Internet, a spedire messaggi, a rispondere agli impulsi.

Lo scopo dell'esercizio è darvi il polso di quanto *controllo* avete attualmente sulla vostra giornata; alla fine della quale, dovreste essere in grado di vedere chiaramente quante voci dell'elenco originario siete stati in grado di sbrigare e quante voci impreviste siete riusciti ad aggiungere. Ponetevi le seguenti domande:

1   In quale percentuale sono riuscito a svolgere le voci presenti nell'*elenco originario*?

2   Analizzando ciò che ho effettivamente fatto durante il giorno, in che percentuale i compiti svolti erano già presenti nell'*elenco originario*, e in quale percentuale invece sono stati *aggiunti* nel corso della giornata?

3   Quante e quali cose ho fatto durante la giornata *senza annotarle*?

Ecco un esempio semplificato. Peter ha scritto l'elenco delle cose che ha in programma di fare domani:

- Smaltire le e-mail arretrate
- Finire di scrivere una relazione
- Prenotare i voli aerei per la conferenza in America
- Organizzare un colloquio di assunzione
- Comprare una nuova agenda
- Chiamare Jane per parlarle della settimana prossima
- Cercare nuovi fornitori
- Imparare a usare il nuovo software

Alla fine della sua giornata, Peter è riuscito a smaltire le e-mail, a organizzare il colloquio, a comprare l'agenda e a chiamare Jane. Però non ha finito la relazione né prenotato i voli né cercato nuovi fornitori. Perciò ha completato 4 compiti su 7, il che equivale a una percentuale del 57 per cento.

Ha anche fatto diverse cose che non erano presenti nell'elenco originario. Le voci che aveva scritto sotto la riga erano:

- Cercare di risolvere il problema di un cliente
- Leggere un importante allegato ricevuto via e-mail
- Risolvere una crisi nell'ufficio contabilità
- Riordinare la pila di libri caduti

Facendo i conti, quindi, Peter ha fatto 8 cose scritte, di cui 4 già presenti nell'elenco originario e 4 aggiunte durante il giorno. Ciò significa che la sua giornata è stata in balia del caso al 50 per cento.

In realtà, però, questo è un quadro troppo roseo perché Peter *non* ha segnato tutte le conversazioni che ha avuto con i colleghi, il tempo trascorso a leggere il giornale e la mezz'ora spesa a cercare su Internet possibili mete per le vacanze. Perciò il rapporto tra le azioni pianificate e le azioni non pianificate compiute da Peter è di fatto molto inferiore a 50:50.

Il problema che una simile quantità di attività casuali comporta è che non solo le cose fatte, ma anche le cose non fatte, sono in balia del caso. Questo significa che il fare o non fare qualcosa è il risultato tanto del caso quanto di una decisione razionale.

Esercizio 2

Anche il prossimo esercizio mira a rendervi più consapevoli di quanto, o quanto poco, controllo avete di fatto sulle vostre giornate. Aumentare il vostro grado di consapevolezza dovrebbe aiutarvi a migliorare anche il vostro grado di controllo.

L'esercizio consiste in una sfida giornaliera con voi stessi, per guadagnare più punti possibile.

Per prima cosa, dovete stabilire quanti punti cercherete di guadagnare il giorno successivo. Poi dovete scrivere un elenco che comprenda un numero di compiti da svolgere pari ai punti in palio. Se, ad esempio, decidete che il giorno seguente volete cercare di guadagnare tre punti, dovrete scrivere un elenco di tre cose da fare. Per esempio:

1   Comprare una calcolatrice nuova
2   Chiamare mia sorella
3   Falciare l'erba dell'aiuola

I compiti da svolgere dovrebbero essere semplici e specifici, in modo che alla fine della giornata risultino fatti o non fatti. Quindi assegnatevi un punto per ogni compito svolto.

Sembra piuttosto semplice, vero?

Ma c'è un inghippo. Potrete assegnarvi i punti solamente se avrete completato tutti i compiti in elenco per la giornata in questione. In caso contrario, non potrete assegnarvi *nemmeno* un punto — non si accettano scuse!

Inoltre, tenete conto che non otterrete alcun punto per aver fatto cose che *non* erano in elenco. Questo è estremamente importante, come vedremo più avanti nel libro.

L'esercizio ci costringe ad affrontare un fattore che, di solito, viene tralasciato, quando prepariamo le nostre liste delle cose da fare o i nostri programmi quotidiani. *Ossia, le liste delle cose da fare* **non** *vengono preparate nella speranza di essere* completate. Anzi, saremmo molto sorpresi se ci riuscissimo. Di conseguenza, le nostre giornate sono male organizzate e in balia di fattori casuali.

Grazie a questo esercizio, riuscirete a scoprire quante cose siete in grado di completare in un giorno. Cominciate con un numero ridotto — anche una sola, e ripetete l'esercizio quotidianamente finché non sarete in grado di scrivere un elenco abbastanza lungo, avendo la certezza di riuscire a terminarlo. Vi accorgerete che è molto più difficile di quanto vi aspettiate.

☞ **Il trucco è fare le cose in elenco,** *prima* **di tutto il resto.**

Ricordate le domande postemi dal giornalista nel Capitolo 1? Dopo aver letto i princìpi che vi ho appena illustrato, e dopo aver provato alcuni esercizi, forse vi interesserà sapere le mie risposte. Eccole qui di seguito.

Cercate di scoprire su quale principio di *time management* si basa ogni singola risposta.

D — *Sono sempre di corsa. Come posso rallentare?*
R — La qualità del tuo lavoro aumenterà parecchio, se smetterai
di saltare di continuo da una cosa all'altra. Assicurati di non
avere un programma troppo denso di impegni. Per esempio,
tra una riunione e l'altra, ricordati di tenere conto del tempo
necessario per gli spostamenti, per la preparazione e così via.
Inoltre, non dimenticare che gli *spazi bianchi* nell'agenda *non*
sono *spazi vuoti* — contengono già tutto il lavoro che dovrà
essere svolto in ufficio! È tempo già "preso", non tempo libero.

D — *Mangio sempre di fretta. Come posso prendermela con più calma?*

R — Devi concederti una pausa pranzo adeguata, con degli orari di inizio e fine ben precisi, durante la quale non farai niente che abbia a che fare con il lavoro.

☞ **Le pause sono importanti per mantenere al massimo l'efficienza lavorativa.**

Concedendosi delle pause adeguate, si riesce a fare di *più* e non di *meno*.

D — *Sono costretto a fare contemporaneamente sempre più cose. Come faccio a focalizzarmi meglio?*

R — Facendo solo una cosa per volta è possibile lavorare in maniera più veloce ed efficace. Di solito, l'unico risultato che si ottiene quando si cerca di fare più cose contemporaneamente è quello di farle tutte *male*. È quindi necessario pianificare la propria giornata scrupolosamente e attenersi al programma, senza permettere che niente di nuovo lo intralci, a meno che ciò non sia *assolutamente* necessario.

D — *Mi sento costantemente in colpa perché non riesco a trascorrere abbastanza tempo con la mia famiglia. Come posso fare per migliorare la situazione?*

R — Stabilisci un orario serale di fine lavoro e cerca di rispettarlo. Non portarti il lavoro a casa e concediti almeno un giorno di vacanza alla settimana. Limitandoti in questo modo, scoprirai di riuscire a fare molto di più, in quanto potrai mantenere la concentrazione più a lungo durante le fasi di lavoro.

D — *Non ho mai tempo per fare ginnastica. Dove lo trovo?*

R — Ricorda il motto "lavora molto e divertiti molto" e attribuisci al tempo libero la stessa importanza data a quello lavorativo, programmandolo con uguale attenzione. Per *chi* o *che cosa* stai lavorando, se poi non hai una vita privata?

D — *Quando riuscirò ad andare in vacanza? Non ne ho davvero il tempo.*

R — Che cosa significa che non ne hai tempo? Certo che ce l'hai! Hai ben 365 giorni all'anno in cui poter andare in vacanza. Basta decidere quanti di questi giorni si è disposti a *sacrificare* per il lavoro e prendersi il resto per se stessi!

Essere ordinati non è affatto una questione di carattere, bensì di come è strutturata la propria vita.

CAPITOLO 3

CREATIVI, ORDINATI ED EFFICIENTI

OME HO DETTO ALL'INIZIO DEL CAPITOLO 1, LO scopo di questo libro è farvi diventare al 100 per cento creativi, ordinati ed efficienti. Vediamo meglio che cosa comporta.

La creatività, l'ordine e l'efficienza sono qualità che dipendono molto strettamente l'una dall'altra. Una persona che, per quanto creativa, non è anche ordinata *non* sarà mai efficiente. Trascorrerà il tempo a farsi venire grandi idee, senza essere in grado di realizzarne nemmeno una.

Del resto, una vita perfettamente ordinata, senza una certa dose di creatività, diventa sterile: nient'altro che fredda efficienza. Le persone che vivono in questo modo fanno impazzire gli altri a causa della loro ossessione per l'ordine. Non saranno mai efficienti, in quanto troppo concentrate più sull'*apparenza* che sulla *sostanza* delle cose.

Infine, è impossibile essere efficienti senza essere anche creativi e ordinati. L'efficienza non è una qualità di per se stessa; semmai *è la misura di quanto l'ordine presente nella propria vita permetta alla creatività personale di esprimersi.* Perciò, a rischio di ipersemplificare le cose, ecco la formula che esprime la relazione tra queste tre qualità:

EFFICIENZA = CREATIVITÀ × ORDINE

Fondamentalmente, *l'efficienza è la differenza tra azione e attività.* È possibile che abbiate una vita lavorativa freneticamente attiva ma che, in concreto, la vera azione sia molto poca. Alla lunga, essere occupati non significa essere efficienti.

Questo libro non è una guida alla creatività. Presumo che ognuno di voi sia già una persona creativa e talentuosa. Il mio scopo è fornirvi una guida passo-passo per liberare la vostra creatività dalle catene del disordine. In questo testo, troverete le indicazioni per arrivare ad avere il massimo controllo della vita col minimo sforzo.

Come riuscirci? Può darsi che stiate lottando da anni contro la vostra incapacità ad essere ordinati; e che, probabilmente, diate la colpa di questo a un grave difetto caratteriale — qualcosa di innato che non può essere cambiato.

Fortunatamente, niente potrebbe essere più lontano dal vero. Essere ordinati *non* è una questione *caratteriale*, bensì *strutturale — dipende da come è strutturata la vostra vita.* Se avete una struttura che rende più facile fare la cosa giusta piuttosto che quella sbagliata, allora la cosa giusta è quella che farete.

Viceversa, se continuate costantemente a fare la cosa sbagliata, è perché il modo in cui è strutturata la vostra vita rende più facile fare la cosa sbagliata rispetto a quella giusta. *Cambiate la struttura e cambierete il risultato.*

Probabilmente, nel corso della vita avrete già sperimentato sulla vostra pelle che è così. La maggior parte delle persone si comporta in modo diverso a seconda delle situazioni. È possibile che siate persone irrimediabilmente disordinate a casa, ma ben organizzate sul lavoro, o viceversa. Oppure che foste in grado di concentrarvi sul lavoro quando eravate dipendenti, ma che siate costantemente distratti da quando avete avviato un'attività in proprio. In entrambi i casi, voi siete la stessa persona, è la struttura a essere diversa.

Ogni volta che vi rendete conto di non agire come vorreste, non rimproverate la vostra presunta incapacità. Osservate piuttosto com'è strutturato quello che state facendo. Per esempio, avete un sistema di gestione della posta elettronica che vi garantisce rapidità ed efficienza, *oppure* ne avete uno che lascia nel dimenticatoio il 50 per cento delle e-mail in arrivo? Molte persone rispondono *solo* alle e-mail che attirano la loro attenzione, lasciando le altre "per dopo". Secondo voi un simile sistema di gestione riesce a garantire che tutte le e-mail vengano evase efficacemente? Direi di no. Anzi, è un sistema che vi può assicurare di accumulare un sacco di e-mail arretrate. Che cosa si può fare a riguardo? Cambiare sistema!

☞ **Se create una struttura ad hoc, tutto il resto andrà a posto.**

In questo libro vi suggerirò molti metodi per cambiare il modo in cui è strutturato il vostro sistema di lavoro. Ma ricordate che non esiste mai un'unica maniera di fare qualcosa. Finché terrete a mente il principio secondo cui *strutture diverse portano a risultati diversi*, potrete sbizzarrirvi a sviluppare metodi personali.

I metodi che vi mostrerò sono molto semplici. Non richiedono anni di studio o pratica. Sono quei consigli che potrete mettere in pratica subito, per scoprire che producono effetti in un istante. Anzi, vi sfido: dopo aver letto il libro, sarete sempre perfettamente organizzati — **24 ore al giorno!**

Vi sembra *impossibile*? Beh, posso assicurarvi che è proprio così, nel senso che sarete in grado di tenere pienamente sotto controllo il lavoro presente e avrete un programma attuabile per sbrigare il lavoro arretrato.

A volte chi ascolta i miei metodi reagisce dicendo: "Sembrano fantastici; li metterò in pratica non appena mi sarò messo in pari con il lavoro". Questo è l'approccio sbagliato. È proprio applicando i miei metodi che sarete in grado di mettervi in pari con il lavoro!

DA DOVE INCOMINCIARE?

Per prima cosa, è necessario capire in che condizioni vi trovate. Assegnate un punteggio da 1 a 10 alla vostra creatività. Si tratta di un giudizio prettamente soggettivo, perciò non state a perdere tempo pensando a quale sia la risposta giusta — meglio rispondere di getto. Poi, assegnate un punteggio da 1 a 10 al vostro livello di ordine.

Moltiplicando i due punteggi otterrete la vostra percentuale di efficienza.

Potete scrivere le risposte su un pezzo di carta:

CREATIVITÀ × ORDINE = PERCENTUALE DI EFFICIENZA

Per esempio, se vi considerate molto creativi, assegnatevi un 8. Ma, se al contempo sentite di essere piuttosto disordinati, datevi 4 in ordine. Moltiplicando fra loro questi due valori si ottiene un punteggio di 32. Ciò significa che, pur essendo una persona molto creativa, state sfruttando solo al 32 per cento il vostro potenziale di efficienza.

Chi si rende conto di essere poco efficiente, di solito, cerca di sviluppare la propria creatività. Magari iscrivendosi a un corso di formazione, oppure studiando per ottenere una qualifica o, anche, qualcosa di grado più elevato. Questo atteggiamento è sicuramente positivo, ma è bene ricordare che, nonostante gli sforzi, il massimo punteggio che si potrà arrivare a totalizzare in creatività è 10. Il che sarebbe già un ottimo risultato, naturalmente; ma in che misura influirebbe in termini di efficienza? Dal momento che queste persone continueranno a essere ordinate solo al 40 per cento, la loro efficienza potrà diventare al massimo del 40 per cento. Meglio che niente, certo, ma non è un grandissimo miglioramento.

Al contrario, proviamo a vedere che cosa accadrebbe se al posto di lavorare sulla loro creatività, lavorassero sull'ordine. Se riuscissero ad arrivare ad assegnarsi un 10 in ordine, lavorerebbero con un'efficienza pari all'80 per cento. Questo sì che sarebbe un enorme passo avanti fatto, oltretutto, senza alcun bisogno di conseguire nuove qualifiche o certificazioni. È quindi evidente che conviene concentrarsi sul divenire più ordinati.

In realtà, spostando l'attenzione dalla creatività all'ordine si possono ottenere risultati ancora più eclatanti, visto che il fatto stesso di divenire più ordinati, molto probabilmente, libererà la creatività. Potreste scoprire, quindi, che migliorando il punteggio che definisce quanto siete ordinati, migliorerete anche quello che definisce quanto siete creativi, senza dover fare niente di specifico a riguardo. Perciò, lavorando solo sull'ordine, l'efficienza potrebbe arrivare all'85 per cento. Vale davvero la pena di passare dal 32 all'85 per cento in efficienza! Non è vero invece il contrario, almeno nella maggior parte dei casi: *diventando più creativi, molto difficilmente si diventa anche più ordinati.*

Lo scopo di questo libro è migliorare il punteggio che definisce la vostra attuale capacità di essere ordinati facendolo arrivare fino a 10. Ok, forse 10 è un traguardo troppo ambizioso, diciamo a 9,5. Quante probabilità avrete di riuscirci? Questo dipende da quanto fedelmente seguirete le mie istruzioni!

☞ La formula vincente è: fissare l'obiettivo e mettere a punto la strategia giusta per non disperdere gli sforzi.

Se foste davvero capaci di controllare la vostra vita, che cosa sareste capaci di fare?

Sareste in grado di completare ogni giorno il vostro lavoro quotidiano.

Alla fine della giornata lavorativa, potete dire a voi stessi: "Ho finito. Ho fatto tutto quello che dovevo fare oggi"? Se fate un certo genere di lavoro, magari sì. Ma per la maggior parte di dirigenti, manager o imprenditori la mole di lavoro sembra non avere fine. L'unica cosa sicura è che chi svolge mansioni di questo tipo non arriverà mai alla fine della propria lista di cose da fare. La lettura di questo libro dovrebbe però servire proprio a capire come riuscire a finire tutto il lavoro *giornaliero* su base quotidiana.

Sapreste a cosa corrisponde una giornata di lavoro e, di conseguenza, sapreste con esattezza quando è finita.

Prima di poter dire di aver completato il lavoro giornaliero, è necessario sapere in che cosa consiste esattamente. Se vi chiedessi di scrivere su un foglio tutti i compiti che avete in arretrato, in che percentuale l'elenco risultante riguarderebbe un'unica giornata di lavoro? Probabilmente zero! Non solo sarebbe quasi sicuramente troppo lungo per essere completato in un solo giorno di lavoro, ma sarebbe composto da voci accumulatesi in un arco di tempo ben più lungo. Alcune cose da fare sono saltate fuori oggi, altre ieri, altre una settimana fa o più, e di solito nell'ombra ce ne sono sempre alcune altre "in agguato" che state posticipando da mesi.

Perciò, l'elenco non rappresenta né il valore di un giorno di lavoro da svolgere né il valore di un giorno di lavoro svolto. Non sarebbe fantastico avere ogni giorno un elenco di compiti da fare che comprenda tutto il lavoro arretrato e siate in grado di terminare nel corso della giornata? Forse vi sembrerà improbabile, ma io vi mostrerò esattamente come arrivare a questo risultato.

Se per un motivo o per un altro non foste in grado di terminare una giornata di lavoro, sapreste capire perché e come evitare che accada di nuovo. La vita non va mai esattamente secondo i piani e, anche se avete il miglior sistema lavorativo del mondo, accadrà sempre di rimanere indietro con il lavoro. In questi casi, è importante riuscire a capire perché succede, così da poter adottare le giuste misure correttive. Non potete permettervi di sprecare energie a smaltire arretrati.

Sareste in grado di sbrigare in modo superveloce le vostre incombenze quotidiane come, ad esempio, rispondere a messaggi e-mail, cartacei e telefonici, o svolgere compiti una tantum. Pur non perdendo mai di vista il quadro generale, restano comunque da sbrigare tutte le azioni di routine di una giornata media — a meno che, ovviamente, non ci sia qualcun altro incaricato di svolgerle al posto vostro. È un attimo perché l'ansia di non rimanere indietro con queste azioni relativamente banali vi impedisca di occuparvi di cose veramente importanti. Del resto però non potete permettervi di trascurare le "banalità", perché così facendo vi arenereste sempre di più. Dovete quindi riuscire a tenerle sotto controllo, in modo che vi distraggano il meno possibile. Il che significa che dovete essere in grado di sbrigarle in maniera sistematica e veloce. Io vi insegnerò come.

Sareste in grado di completare i progetti nel minor tempo possibile.

Spesso per completare un progetto ci mettiamo più tempo del necessario, perché tendiamo a bloccarci e a procedere lentamente. Sapere come avviare e portare avanti un progetto è un'abilità importantissima che vi insegnerò in questo libro. Una volta acquisita, sarete in grado di completare i vostri progetti rispettando le scadenze prefissate.

Sareste in grado di stabilire esattamente qual è il giusto carico di lavoro per voi.

Ho già parlato dei limiti nel primo capitolo. Che cosa succede se accettate (o vi viene assegnato) troppo lavoro? L'unica cosa che può succedere è che una parte di questo lavoro non venga svolta correttamente — o non venga svolta affatto. Il guaio è che tendenzialmente la decisione di fare alcune cose e di non farne altre viene presa più o meno a casaccio. Non sarebbe meglio che fosse invece il risultato di una scelta consapevole? Sapendo qual è il carico di lavoro adatto a voi, sarà più facile prendere questo genere di decisioni. Vi insegnerò come identificare con precisione il carico di lavoro idoneo a ognuno di voi.

Sareste in grado di prendere un nuovo lavoro senza che questo fosse di intralcio allo svolgimento di quello già esistente.

Pochissime persone hanno messo appunto un sistema apposito per accettare nuovo lavoro. Di conseguenza, non sanno proprio cosa fare quando viene loro assegnato un nuovo progetto. Il nuovo lavoro deve "incastrarsi" con tutto quello che hanno già da fare — ma come? Dal momento che non sono consapevoli di quale sia il loro giusto carico di lavoro, difficilmente rifiuteranno di occuparsi del nuovo progetto, visto che sentono di essere in grado di farlo. Oltre a mettervi in condizione di identificare il vostro giusto carico di lavoro, vi insegnerò anche un semplice sistema per accettare un nuovo lavoro.

Sareste in grado di gestire le emergenze vere, senza lasciarvi distrarre da quelle apparenti. In ambito lavorativo, non esiste niente di più distruttivo dell'effetto randomizzante di emergenze e interruzioni. Ma quante "emergenze" sono *vere emergenze*? Naturalmente, può capitare che scatti l'allarme antincendio o che un bambino cominci a urlare, ma la maggior parte delle cosiddette "emergenze" non sono affatto tali. Se avete più di una "vera" emergenza a settimana, c'è qualcosa che non va, a meno che non lavoriate per un servizio di pronto intervento. Per chi lavora in ufficio, la maggior parte delle "emergenze" sono la conseguenza di una *mancata azione precedente*.

Sareste in grado di fare, "un giorno", tutto quello che sognate di fare. La maggior parte di noi ha una lunga lista di cose che vorrebbe fare "un giorno". Per realizzare alcuni di questi progetti, è possibile che si debba aspettare di avere creato le giuste condizioni o guadagnato a sufficienza. Ma per tutti gli altri non ci sono *scuse*, a parte che "non riesco proprio a trovare il tempo" o "non riesco proprio a trovare il modo". Vi mostrerò un semplice sistema per portare avanti tutti questi progetti. Dal momento che potrebbero davvero essere fra i più importanti che mai farete in vita vostra, direi che è un'abilità che vale la pena sviluppare.

Continuereste a seguire i progetti in modo adeguato.

Molte persone hanno la tendenza a occuparsi di un progetto molto attivamente nelle sue fasi iniziali, per poi dimenticarsene completamente. Quando infine lo riprendono in mano, hanno ormai perso il polso della situazione. Un progetto è un po' come una pianta di appartamento: deve essere annaffiata regolarmente, se no muore. Perciò è *importante mantenere le cose in movimento*. Ciò significa che un monitoraggio sistematico dei progetti è imprescindibile. Vi insegnerò come farlo al meglio.

Sapreste come tenere sotto controllo ciò che avete delegato ad altri.

Se vi è capitato di usare l'espressione "faccio prima a farmelo da solo", allora sapete già che delegare non è facile. Ma mantenere il controllo sui compiti che avete delegato non è poi così difficile come sembra. Vi illustrerò quali sono i metodi migliori per farlo.

Sareste in grado di fare fronte alla cattiva gestione temporale degli altri.

Una volta risolto il problema della *nostra* cattiva gestione del tempo, dovremo ancora affrontare quello della cattiva gestione del tempo *altrui*. Quando lavoriamo male, tendiamo a reagire alle cose in base a quanto rumore (reale o mentale) fanno in quel momento. È importante ricordare che anche gli altri lavorano così, perciò se vogliamo che facciano qualcosa per noi, dobbiamo fare *più rumore* di tutte le altre cose di cui devono già occuparsi. E, naturalmente, il modo migliore per farlo è attraverso una continua e sistematica attività di monitoraggio.

Sareste in grado di motivarvi al punto tale da trovare l'energia sufficiente per completare la vostra giornata lavorativa.

Qual è il modo migliore per motivarsi a svolgere il proprio lavoro quotidiano? Non credo che per sopportare le nostre fatiche quotidiane sia fondamentale trarre piacere da quello che si fa o avere una visione chiara, benché ovviamente siano entrambi fattori molto importanti. Credo, invece, che a caricarci più di qualsiasi altra cosa sia la sensazione di avere il pieno controllo sul nostro lavoro. **Se siamo in grado di controllarlo, avremo la forza di svolgerlo;** qualsiasi lavoro sia, anche uno che non ci piace particolarmente. Quale delle seguenti situazioni è più motivante?

⊃ Tenere regolarmente aggiornata la propria contabilità, registrando quotidianamente le fatture e tutti gli altri documenti, in modo che per preparare la denuncia dei redditi basti cliccare un paio di pulsanti, oppure...

⊃ Accumulare carte per un intero anno, per poi dover affrontare una lotta convulsa a fine esercizio per riuscire a presentare la denuncia dei redditi in tempo?

Quando avrete finito di leggere questo libro, saprete tutto ciò che vi serve per mantenere il pieno controllo sul vostro lavoro. Il resto dipenderà da voi!

Questionario

Spuntate le caselle corrispondenti alle affermazioni che ritenete, in generale, applicabili a voi.

- ☐ Completo il mio lavoro ogni giorno.
- ☐ So in che cosa consiste la mia giornata di lavoro.
- ☐ Se mi accorgo di rimanere indietro, sono in grado di individuarne le cause.
- ☐ Riesco a completare la mia routine quotidiana, per esempio smaltire e-mail e documenti, rispondere ai messaggi telefonici, svolgere i compiti una tantum, il più velocemente possibile e senza distrazioni.
- ☐ Riesco a completare i progetti in maniera veloce ed efficace.
- ☐ So perfettamente qual è il carico di lavoro che sono in grado di gestire.
- ☐ So come prendere un nuovo impegno lavorativo, senza che sia di intralcio al lavoro che sto già svolgendo.
- ☐ So distinguere le *vere emergenze* dalle *mere distrazioni*.
- ☐ So cosa fare con tutte le cose che "un giorno" intendo realizzare.
- ☐ Svolgo un'adeguata attività di monitoraggio.
- ☐ So come tenere sotto controllo tutti i compiti che ho delegato ad altri.
- ☐ So far fronte ai problemi di cattiva gestione temporale degli altri.
- ☐ Riesco a mantenere viva la mia motivazione durante tutta la giornata lavorativa.
- ☐ So come rispettare le scadenze stabilite per i progetti di cui mi occupo.

Solo perché qualcosa sembra buona da mangiare, non significa che la dobbiamo mangiare per forza.

CAPITOLO 4

TIME MANAGEMENT

I N *GET EVERYTHING DONE AND STILL HAVE TIME TO PLAY*, ho fatto l'elenco di ciò che consideravo i difetti principali dei metodi tradizionali di gestione temporale. In questo libro, vorrei concentrarmi in particolare sui due fra loro che ritengo essenziale cancellare per una corretta gestione della nostra vita.

I due metodi normalmente suggeriti (che trovo sbagliati) sono: 1) *Prioritizzare** in base all'importanza e 2) **Preparare la lista delle cose da fare.** Due espedienti che, in genere, sono considerati i dogmi indiscussi della gestione del tempo, ma che, dal mio punto di vista, sono fondamentalmente sbagliati per la stessa ragione: cioè *tendono a creare più problemi di quanti ne risolvono.*

In primo luogo, da dove hanno origine i problemi di gestione temporale? Di fatto, esistono tre, e *solo* tre, possibili cause che ovviamente possono essere presenti anche contemporaneamente.

---

* Termine non ancora completamente accettato, ma invalso nella pratica. È stato scelto perché aderisce meglio ai propositi del testo — N.d.R.

Queste cause sono:

1   Inefficienza.
2   Troppe cose da fare.
3   Troppo poco tempo a disposizione.

Esaminiamole una alla volta:

INEFFICIENZA

Osservate che ho usato la parola *inefficienza,* e non *inefficacia.* L'ho fatto di proposito, perché in questo caso intendo riferirmi solo alla velocità con cui siamo in grado di svolgere il nostro lavoro, senza esprimere alcun giudizio sull'adeguatezza o meno del lavoro svolto. È una questione di capacità lavorativa di base.

Se lavoriamo in modo frammentario, distratto e defocalizzato *non* svolgeremo bene il nostro lavoro. È probabile che la maggior parte di noi abbia dei margini di miglioramento in termini di efficienza lavorativa e, applicando gli insegnamenti di questo libro, dovrebbe essere possibile fare dei progressi importanti in tal senso.

Tuttavia, per quanto efficienti si possa diventare, alla fine si devono comunque fare i conti con i limiti fisici della quantità di lavoro che una persona è in grado di svolgere. Una volta raggiunti questi limiti, bisogna cercare una soluzione alternativa, se ancora non si è guadagnato il pieno controllo sul proprio lavoro.

ATTENZIONE: aumentando la propria efficienza lavorativa è possibile che ci venga la tentazione di accettare sempre più lavoro; questo potrebbe essere un problema perché, se non stiamo attenti, potremmo presto ritrovarci, ancora una volta, sommersi di lavoro — con l'unica differenza che ora si tratterebbe di uno *tsunami*!

TROPPE COSE DA FARE

La verità pura e semplice è che se abbiamo più lavoro di quello che siamo in grado di svolgere, allora non riusciremo a farlo bene. Sfortunatamente, come molte verità pure e semplici, questo fatto tende a sfuggire alla "comprensione" di molti. Infatti, vengo spesso contattato da potenziali clienti, già oberati di lavoro, che vogliono imparare come riuscire a svolgerne *ancora di più*. A quanto pare, per l'autostima di molte persone è essenziale essere costantemente sommersi di impegni. Cercare di ridurre il carico di lavoro sarebbe come ammettere un fallimento.

In verità, la questione è se abbiamo o no la capacità lavorativa sufficiente per sbrigare il nostro carico di lavoro. Come abbiamo visto, questa capacità può essere aumentata solo fino a un certo punto, dopodiché l'unica cosa da fare è ridurre il carico di lavoro. Per farlo, non serve a niente limitarsi a esaminare i singoli compiti da svolgere. Il lavoro non nasce dal nulla, ma è la conseguenza degli impegni che ci sono stati assegnati o di cui ci siamo fatti carico spontaneamente. Tutto quello che dobbiamo fare deriva da questi impegni. *Quindi, per ridurre il lavoro bisogna ridurre gli impegni.*

TROPPO POCO TEMPO A DISPOSIZIONE

Ogni volta che vediamo una pagina vuota nella nostra agenda, pensiamo illusoriamente che corrisponda a tempo davvero *libero*. Quel tempo, in realtà, è già *occupato* da tutte le nostre incombenze quotidiane. Bisogna quindi resistere alla tentazione di mettere in calendario riunioni, appuntamenti, conferenze e via dicendo come se una *pagina vuota* significasse una *giornata vuota*. Dobbiamo concederci abbastanza tempo per svolgere il nostro lavoro — a meno che, naturalmente, non ci sia qualcun altro che lo faccia per noi.

Se ci pensate, vedrete che queste sono le uniche tre cause possibili della nostra incapacità di completare il lavoro che dobbiamo svolgere. Qualsiasi ragione o scusa da noi addotta per non aver fatto qualcosa può essere fatta rientrare in una di queste tre categorie. Il problema della diffusa regola di gestione temporale, secondo la quale i lavori da svolgere vanno messi in ordine di priorità in base alla loro importanza, è che ci incoraggia ad aggravare ulteriormente queste cause.

Inefficienza. Se stiamo lavorando in maniera inefficiente, ordinare le attività da svolgere in base all'importanza non ci sarà di alcun aiuto, perché non influirà minimamente sulla velocità con cui lavoriamo. Sia che facciamo *male* qualcosa di "importante" o qualcosa di "poco importante", in entrambi i casi la questione è che stiamo lavorando male. Cambiare l'ordine con cui svolgiamo il lavoro *non* aumenterà la nostra velocità o efficienza lavorativa. Al contrario, è possibile che ci porti ad accumulare un forte arretrato di attività "poco importanti". Una volta che questo sarà diventato troppo consistente, non saremo più in grado di svolgere neppure le attività "importanti". Assegnare un ordine di priorità in base all'importanza ci incoraggia a pensare che in questo modo saremo in grado di lavorare più efficientemente, ma in realtà è vero proprio il contrario.

Troppe cose da fare. Se abbiamo troppo lavoro, metterlo in ordine di priorità in base all'importanza non servirà a ridurlo. E non servirà neppure ad aumentare la nostra capacità lavorativa. Inevitabilmente, una parte del nostro lavoro rimarrà incompiuta. Se si tratta di una parte di poco conto, tale da poterci permettere di non svolgerla affatto, allora perché *farla*? Se invece deve essere effettivamente realizzata, farà davvero differenza l'ordine in cui la facciamo? In verità, una volta che ci siamo assunti degli impegni, siamo costretti a fare tutto quello che questi impegni comportano. Assegnare un ordine di priorità alle cose da fare in base alla loro importanza serve a evitare di porsi la domanda vera: è qualcosa che devo proprio fare? L'illusione di poter uscire dai guai assegnando un ordine di priorità, così da poterci concentrare solo sulle attività "importanti", ci incoraggia ad accettare ancora più lavoro.

Troppo poco tempo a disposizione. Se abbiamo troppi impegni in agenda e non ci siamo lasciati abbastanza tempo per svolgerli, prioritizzarli in base all'importanza non ci sarà di alcun aiuto. Anzi, dandoci anche in questo caso l'illusione di poter uscire dai guai assegnando un ordine di priorità, ci incoraggerà ad accettare troppi impegni.

Neppure le liste delle cose da fare ci aiutano. Generalmente infatti una lista di cose da fare è composta quasi interamente da un elenco di compiti arretrati che non hanno alcuna relazione con il lavoro del giorno. Se ci pensate, in media dovreste riuscire a finire tutto il lavoro che vi arriva durante una giornata lavorativa in un solo giorno. In un mondo ideale, quindi, voi dovreste essere in grado ogni giorno di sbrigare tutto il lavoro in arrivo e di finire tutto quello che c'è da fare. Anche se alla maggior parte delle persone questo sembra assolutamente impossibile, vi assicuro che è un obiettivo del tutto raggiungibile. La ragione per cui ci sembra vero il contrario è che le liste delle cose da fare hanno distrutto il legame tra il lavoro che ci arriva da svolgere nel corso di un giornata lavorativa e il lavoro che effettivamente svolgiamo in una giornata lavorativa.

Test di autovalutazione
Situazioni / Risposte

Scegliete la risposta migliore (A o B) per ognuna di queste situazioni.

1 State avviando una piccola attività imprenditoriale, quando qualcuno vi parla di una nuova opportunità che potrebbe migliorare il vostro business. Voi...

a Accettate la nuova opportunità e integrate il lavoro nuovo con quello precedente?

b Decidete che l'ultima cosa di cui avete bisogno è qualcosa che vi distragga dall'avvio della vostra attività, per quanto accattivante possa sembrare la nuova opportunità?

✔ b è la risposta corretta. Immaginate che le opportunità siano le portate del menu di un ristorante. Solo perché qualcosa sembra appetitoso non significa che dobbiamo mangiarlo per forza. Caricarsi di ulteriori impegni quando si è già occupati ad avviare un'attività imprenditoriale è il modo migliore per farla fallire.

2 Nel corso della giornata, vi distraete costantemente e dedicate così tanto tempo a questioni di scarsa importanza che non ve ne resta a sufficienza per quelle di notevole importanza. Voi...

a Decidete di assegnare un ordine di priorità alle attività da svolgere durante il giorno, in modo da affrontare prima le questioni più importanti e poi quelle meno importanti?

b Lavorate per migliorare i sistemi che usate per sbrigare le incombenze di routine?

✔ **b** è la risposta giusta. Questo è un caso di inefficienza lavorativa. Dovete migliorare i vostri sistemi in modo che vi permettano di svolgere efficientemente le faccende di scarsa importanza e di tenerle stabilmente in ordine. Anche se cercate di assegnare un ordine di priorità alle cose che dovete fare, occupandovi prima delle questioni più "importanti", le faccende "di scarsa importanza" non si sbrigheranno da sole. Scoprirete presto che reclameranno la vostra attenzione in modi molto spiacevoli.

3 Il vostro lavoro comporta molti viaggi e riunioni. Le riunioni a cui partecipate generano una notevole quantità di lavoro amministrativo, ma la vostra agenda è così piena di impegni che non vi resta mai il tempo per svolgerlo. Voi...

   a Trovate qualcuno che sbrighi il lavoro amministrativo al posto vostro (magari assumendo un assistente)?

   b Mettete in programma, ogni settimana, una quantità di tempo minima per il disbrigo del lavoro amministrativo?

   ✔ **Entrambe** le risposte sono corrette; e la soluzione migliore è probabilmente una combinazione delle due soluzioni. Tuttavia, se per qualche ragione non è vi possibile mettere in pratica l'ipotesi *a*, non vi rimane che la *b*. Continuare come avete sempre fatto finora non è un'alternativa valida.

Esercizio 1

Preparate l'elenco completo di tutti i vostri compiti attualmente in sospeso. Scrivete accanto a ciascuna voce da quanto tempo, più o meno, il compito aspetta di essere eseguito. In altre parole, da quanto tempo quel compito vi è stato assegnato, avete deciso di farlo o vi siete fatti carico di svolgerlo?

Probabilmente scoprirete che i compiti in elenco si sono accumulati in un arco di tempo piuttosto lungo. Alcuni saranno arrivati oggi o ieri. Altri più o meno una settimana fa. Altri addirittura mesi o anni fa.

Dopodiché chiedetevi quanti giorni di lavoro ci vorranno per sbrigare tutte le voci dell'elenco, dedicandosi esclusivamente a esse finché non saranno state tutte concluse e quindi depennate. Il modo più facile per farlo è stimare i minuti necessari per completare ogni singolo compito, fare la somma totale e dividere il risultato per 60; otterrete così il numero di ore necessarie per completare l'insieme dei compiti. Dividendo nuovamente questo risultato per la media di ore di lavoro giornaliere, otterrete il valore in *giorni di lavoro*.

Anche lavorando in condizioni ideali, probabilmente ci vorrà qualche giorno prima di riuscire a evadere tutti i compiti in elenco. Perciò, come potete vedere piuttosto chiaramente, una lista delle cose da fare non rappresenta né una giornata di lavoro da svolgere né una giornata di lavoro arretrato. Questo vale per tutte le liste delle cose da fare.

Il prossimo esercizio vi dimostrerà invece a quanto ammonta veramente il valore di una giornata lavorativa.

Esercizio 2

Lo scopo di questo esercizio è mettere insieme una giornata di lavoro per **definirne il valore**. Vi chiedo quindi di prendere nota di ogni singola cosa da fare che vi arriva nel corso di un'unica giornata lavorativa, a prescindere dal fatto che la eseguiate o meno. Registrate quante e-mail, telefonate o messaggi di altro genere ricevete. Specificate quanti documenti cartacei vi arrivano. Scrivete tutti i compiti che scadono o che vi vengono assegnati in quel giorno. Non includete i lavori che avete già inserito nella vostra lista delle cose da fare né gli arretrati. Questo è tutto lavoro vecchio! Alla fine della giornata, osservate l'elenco. **Questo è il valore di un giorno di lavoro in arrivo.** Guardatelo bene. È la quantità di lavoro che in media dovreste riuscire a portare a termine quotidianamente per non perdere il controllo sulla vostra attività. Siete in grado di svolgerla?

Se siete consapevoli che questo è stato un giorno particolare, in cui vi è arrivato più (o meno) lavoro del solito, potete procedere a un adeguamento mentale. Ma fondamentalmente questo è il carico lavorativo che in media dovete svolgere ogni giorno. È fattibile?

Probabilmente alcune persone rimarranno piacevolmente sorprese dai risultati dell'esercizio. Si renderanno infatti conto che, se si liberassero dell'ostacolo rappresentato dal vecchio lavoro arretrato, sarebbero sicuramente in grado di svolgere il proprio lavoro quotidiano senza problemi.

Altre, al contrario, ne saranno sconvolte. Se questo è quello che cercano di fare ogni giorno, non c'è da sorprendersi che non riescano a tenere il passo!

In entrambi i casi, per la prima volta, avrete un quadro chiaro di che cosa esattamente voglia dire "una giornata di lavoro".

I tradizionali metodi di gestione temporale non forniscono alcuna indicazione a riguardo. Tutto quello che offrono è un mezzo per manipolare l'ordine in cui il lavoro viene svolto, nel tentativo di evitare le conseguenze negative di uno squilibrio tra lavoro da svolgere e lavoro svolto. Ma cambiare l'ordine di svolgimento del proprio lavoro, cercando di fare per prima le cose più "importanti", equivale a mettere una pezza al problema e nient'altro. Per risolverlo invece è necessario affrontare le cause vere, quelle più profonde. Avete visto a quanto ammonta un giorno di lavoro. A questo punto dovete accettare il fatto che questa è la quantità media di lavoro che dovete riuscire a portare a termine quotidianamente. Se non ci riuscite, gli unici rimedi sono:

ↄ   Aumentare la vostra efficienza lavorativa.

ↄ   Ridurre la quantità di lavoro da svolgere.

ↄ   Aumentare la quantità di tempo a disposizione per svolgerlo.

Non esistono altre soluzioni. Se vi rendete conto di rimanere indietro con il lavoro, il rimedio è *per forza* uno, o più, di questi qui. Nella maggior parte dei casi, probabilmente, ciò è dovuto a una combinazione di fattori. Molte persone sono distratte e deconcentrate perché hanno permesso ai propri impegni di crescere in maniera incontrollata e indefinita, il che rende il loro lavoro spiacevole e stressante; ecco quindi che si riempiono l'agenda di riunioni, perché queste sono un buon modo per evitare di lavorare e un'ottima scusa per giustificare l'accumulo di lavoro arretrato. È un circolo vizioso che, una volta avviato, è molto difficile interrompere.

Vorrei chiarire però che ciò che contesto è l'idea di *prioritizzare i compiti in base all'importanza*. In questo modo infatti si assegnano le priorità a un livello sbagliato. Le priorità vanno invece assegnate a livello di impegni e di obiettivi. Dal momento che tutto il nostro lavoro deriva dagli impegni che ci assumiamo, è fondamentale selezionarli opportunamente. E l'unica maniera sensata di farlo è decidere quali siano gli impegni veramente importanti per la nostra vita e per il nostro lavoro.

Una volta preso un impegno, bisogna svolgere tutto il lavoro che questo comporta. Non è più una questione di importanza o *non* importanza. Molte persone trascorrono la vita "a spegnere incendi" perché hanno perso di vista il punto fondamentale: il lavoro non arriva dal nulla, ma è una conseguenza degli impegni assunti. Ogni impegno comporta una certa quantità di lavoro, e tutto il nostro lavoro deriva da un impegno, a prescindere dal fatto che l'impegno in questione sia stato preso consciamente o inconsciamente.

Molti impegni sono essi stessi il risultato di altri impegni di livello superiore. In questo caso, siamo in presenza di una catena di impegni. Alcuni sono impegni presi con sé stessi, altri con la propria famiglia, altri con il proprio lavoro, altri con amici e colleghi, altri ancora con le organizzazioni di vario tipo di cui si è membri.

Per cercare di ridurre il carico di lavoro, bisogna intervenire sugli impegni, non sui singoli compiti da svolgere. Quando si ha la sensazione che sia necessario ridurre il carico di lavoro, si tende marcatamente a farlo riducendo il tempo da dedicare a ciascun impegno, piuttosto che riducendo gli impegni. È invece molto più sensato ridurre gli impegni, in modo da avere tutto il tempo che serve per farvi fronte come si deve. Gli impegni sono un po' come i cespugli — devono essere sfoltiti regolarmente.

Esercizio 3

Esaminate ogni singola voce della vostra lista delle cose da fare e domandatevi perché l'avete inserita. *Da quale impegno deriva?* È un impegno valido, che è sensato aver preso in questo momento? E se tutti gli impegni sono validi, è sensato averli presi *tutti quanti* nello stesso momento?

Nel prossimo capitolo analizzeremo quali sono i fattori di cui si dovrebbe tenere conto nel decidere gli impegni da assumere.

Spesso il lavoro improduttivo assomiglia al lavoro più del lavoro vero.

CAPITOLO 5

LAVORO VERO VS. LAVORO IMPRODUTTIVO

COME SOTTOLINEATO NEL CAPITOLO PRECEDENTE, cercare di assegnare le priorità in base all'importanza significa essenzialmente stabilire che cosa fare *bene* e che cosa fare *male*. La domanda che invece bisognerebbe porsi dovrebbe essere: "È qualcosa che devo *proprio* fare?".

Ormai dovreste aver capito che credo fermamente nella necessità di adempiere pienamente agli impegni assunti. Non ha senso accettare di fare qualcosa, per poi farla malamente; così si diminuiscono semplicemente le possibilità di fare bene tutto il resto. Se non si è in grado di fare qualcosa come si deve, sarebbe molto meglio scegliere coscientemente di non farla affatto. **È meglio fare poco e bene, che molto e male.** Ma come facciamo a decidere quali poche cose fare bene?

Ogni volta che ci accingiamo ad accettare un nuovo impegno, dobbiamo considerare attentamente come questo influirà sugli impegni che abbiamo già. Inspiegabilmente tutti noi riempiamo ogni singola ora delle nostre giornate con *qualcosa*. Perciò, tutte le volte che ci facciamo carico di *qualcosa di nuovo*, siamo costretti a ridurre la quantità di tempo che ora impieghiamo in *qualcos'altro*. Se questo *qualcos'altro* è starsene seduti a guardare la televisione, non ci sono problemi. E non ce ne sono neppure nel caso in cui il tempo da dedicare a una nuova attività sia stato *liberato* da un progetto ormai concluso. È invece un problema se *già* facciamo fatica a incastrare tutto quello che dobbiamo fare!

Gli impegni, così come già detto per gli obiettivi, hanno a che fare tanto con quello che *faremo* quanto con quello che *non faremo*. Un impegno infatti non è soltanto la dichiarazione di ciò che ci siamo impegnati a fare ma, al tempo stesso, anche la "dichiarazione" di ciò che non intendiamo fare; ossia che non faremo nient'altro che ci distolga dal perseguire l'impegno preso. Ecco che cos'è un impegno. Nel matrimonio, ad esempio, possiamo vedere fin troppo bene che succede se uno dei partner non rispetta gli impegni presi.

Perciò ogni volta che si prepara un elenco di impegni è essenziale dire a stessi: "Questo è quello che mi limiterò a fare". Nella nebbia sollevata da richieste di tempo, idee, suggerimenti, capricci e via dicendo, gli impegni devono indicare la strada come un faro in un mare in tempesta: "**Queste sono le cose che mi *limiterò* a fare**".

È facile lasciarsi trasportare da un sacco di attività, senza però intraprendere molte azioni. In campo governativo vediamo spesso tanta *attività* e poca *azione*. I politici, di solito, vengono accusati di pensare che discutere di un problema, o approvare una legge che lo riguardi, equivalga a risolverlo.

Lo stesso concetto si applica alla maggioranza degli altri settori. **Attività *non* significa azione** — anche se spesso viene scambiata per tale. È facile ingannarsi pensando che essere pieni di impegni significhi lavorare sul serio.

Vorrei quindi tracciare una distinzione tra *lavoro vero* e *lavoro improduttivo*. È una distinzione essenziale, specialmente se siete voi a dare "l'andatura". Il *lavoro vero* è quello che manda avanti la vostra professione o attività. Dovrebbe impiegare pienamente le vostre conoscenze e capacità, e costringervi frequentemente a uscire dalla vostra zona di comfort. Dal momento che il lavoro vero è, per sua stessa natura, piuttosto impegnativo, è probabile che nella vostra mente si sviluppi una certa resistenza a svolgerlo.

Di contro, il *lavoro improduttivo* è quello che si fa per evitare di fare il *lavoro vero*!

Il lavoro vero spesso richiede di pensare e pianificare molto. Purtroppo proprio per questo motivo, il lavoro improduttivo spesso assomiglia al lavoro più del lavoro vero. Se correte a destra e a manca con un'aria molto impegnata, darete l'impressione di essere impegnati a lavorare molto di più di quando ve ne stati seduti in silenzio a pensare e pianificare. Così sembrerà ai vostri colleghi e, ancora peggio, così sembrerà anche a voi stessi.

Ho perso il conto di tutte le volte in cui mi sono sentito dire: "Dovrei proprio farlo, ma non ne ho il tempo". Nella maggior parte dei casi, quello che non si riesce a fare è qualcosa di assolutamente essenziale per la propria attività, per esempio progettare un piano di marketing o rinnovare il proprio sito Web.

☞ **Perché non si riesce a trovare il tempo per fare quelle cose che probabilmente sono le più importanti?**
Perché siamo troppo impegnati a cercare di adempiere a tutti gli impegni *minori* che ci siamo assunti.

Questi impegni minori sono lavoro improduttivo che non era proprio necessario accettare.

In concreto, il lavoro improduttivo varia da persona a persona e da professione a professione. Il lavoro vero per qualcuno potrebbe essere il lavoro improduttivo per qualcun altro. Per esempio, se un dirigente impiega il proprio tempo a fare un lavoro che il suo assistente potrebbe tranquillamente gestire in maniera autonoma, si tratta di lavoro improduttivo per il primo, ma di lavoro vero per il secondo.

LAVORO VERO	LAVORO IMPRODUTTIVO
Manda avanti la vostra attività o professione	È un modo per evitare di mandare avanti la vostra attività o professione
Consiste in quello per cui siete pagati o che vi fa guadagnare denaro	È di ostacolo a ciò per cui siete pagati o che vi fa guadagnare denaro
Ha un impatto positivo sul vostro utile netto	Ha un effetto negativo sul vostro utile netto
Impiega appieno le vostre capacità e conoscenze	Non impiega appieno le vostre capacità e conoscenze
Vi costringe a uscire dalla vostra zona di comfort	Vi permette di rimanere dentro la vostra zona di comfort
È impegnativo	È facile
Potete farlo solo voi	Può farlo chiunque

Ecco alcuni suggerimenti che vi aiuteranno a capire se quello che state facendo è lavoro vero o lavoro improduttivo. Con ogni probabilità siete caduti nella trappola del lavoro improduttivo se:

⊃ *Siete sommersi di lavoro, ma vi sentite poco stimolati.*
Il lavoro vero è stimolante, ma non soffocante.

⊃ *State facendo più o meno le stesse cose che fanno anche i vostri subalterni.* Per svolgere il vostro lavoro vero, sono necessarie capacità e conoscenze che soltanto voi avete. Se quello che fate potrebbe essere svolto da qualcuno che non possiede queste specifiche capacità e conoscenze, state lavorando al di sotto delle vostre possibilità.

⊃ *Non riuscite a completare azioni di vitale importanza.* Il lavoro vero *consiste proprio* in quelle azioni lì.

⊃ *Non avete mai il tempo per potervi fermare a riflettere.* Il lavoro vero è pensiero tradotto in azione. Se non pensate, è improbabile che vi occupiate di lavoro vero.

⊃ *Il vostro orizzonte temporale è sempre molto ristretto.* Il lavoro vero richiede una pianificazione che va oltre il futuro immediato.

⊃ *Vi imbattete continuamente negli stessi problemi.* Il lavoro vero è sostenuto da sistemi eccellenti.

È di vitale importanza capire in che cosa consiste il lavoro vero nella propria professione. O meglio, nella propria *vita*, perché il concetto di lavoro vero può essere esteso anche al privato. Quali azioni vi faranno *davvero* andare avanti?

In questo caso, una buona regola da seguire è: "mai accettare di dire *sì* a niente, a meno che non lo si possa dire con tutto il cuore". Generalmente, quando ci chiedono di accettare un nuovo impegno, o lo accettiamo controvoglia o lo rifiutiamo sentendoci in colpa. Dovremmo invece prendere l'abitudine di chiedere a noi stessi: "Posso acconsentire, con tutto mio il cuore, a questa richiesta?". Se la risposta è positiva, saremmo in grado di accettare, sapendo che il nostro impegno è sincero. Se la risposta è negativa, declineremo dicendo: "Di regola non accetto mai di fare qualcosa verso cui non posso garantire un impegno sincero, e in questo caso non posso".

È estremamente importante attenersi a questa regola, perché in caso contrario finirete inevitabilmente per svolgere male l'impegno che vi siete assunti; per di più pentendovi di averlo accettato. Tutto questo si riflette in espressioni come: "Non lo sta facendo con il cuore"; "L'ha fatto senza metterci il cuore"; "Non ho cuore di farlo"; "In cuor loro non lo sostengono veramente".

Test di autovalutazione
Situazioni / Risposte

In cosa consiste il vostro *lavoro vero* nelle seguenti situazioni?

1 Siete un piccolo imprenditore.

   ✔ La parte più importante del vostro lavoro come titolare è rappresentata da ciò che soltanto voi potete fare: *fornire strategia e direzione all'attività*. Troppi imprenditori sono così immersi nella gestione "pratica" dell'attività che alla fine perdono di vista l'essenziale.

2 Siete un impiegato commerciale in una piccola società di prodotti didattici.

   ✔ Si sarebbe tentati di dire che il vostro lavoro vero, in questo caso, sia vendere. Di fatto, però, il lavoro vero consiste nelle azioni che porteranno poi a concludere la vendita. Bisogna quindi capire quali siano queste azioni. Nella maggior parte dei casi si tratta semplicemente di fare moltissime telefonate. Se non fate molte telefonate, non state facendo il vostro lavoro vero.

3 Siete l'assistente personale dell'amministratore delegato di una grande azienda.

✔ Il vostro lavoro vero, in questa situazione, è di liberare l'amministratore delegato dal maggior numero possibile di impegni, in modo che anche lui possa svolgere il suo lavoro vero.

4 Siete un *life coach* libero professionista.

✔ In questo caso, è importante capire qual è la vostra attività. Anche se di professione voi siete un life coach, dal punto di vista imprenditoriale voi vendete servizi di coaching. Perciò, se il vostro tempo non è occupato da un'attività di vendita e marketing, non state facendo lavoro vero.

In precedenza ho affermato che lo stimolo più grande a svolgere il proprio lavoro quotidiano è la sensazione di averne l'assoluto controllo. Probabilmente non vi sareste aspettati questa risposta. La maggior parte delle persone avrebbe detto: "Obiettivi chiari", "Entusiasmo", "Fare un lavoro che si ama" o qualcosa del genere, perciò sarete probabilmente sorpresi che io non la pensi allo stesso modo.

Eppure è proprio l'assoluto controllo sul nostro lavoro a darci l'energia necessaria per svolgerlo, anche nel caso si tratti di un lavoro che non amiamo particolarmente.

Per riuscirci dobbiamo avere *obiettivi chiari* che definiscano sia le cose da fare che quelle da *non* fare. L'entusiasmo scaturirà, di conseguenza, dalla consapevolezza che i nostri obiettivi sono obiettivi veri, riguardanti il lavoro vero — un lavoro che impiegherà tutte le nostre abilità e i nostri talenti; che farà progredire la nostra vita. Si ama il proprio lavoro quando lo si *controlla* — non quando ne si è *controllati*.

In precedenza, ho usato la metafora dell'ordinare al ristorante. Quando ordiniamo che cosa mangiare, in effetti stiamo dicendo che *non* mangeremo nessuna delle altre pietanze presenti nel menu — per quanto deliziose possano sembrare. Questo mi porta a stabilire un principio molto importante: non dovete per forza fare qualcosa solo perché sembra essere un'ottima occasione, oppure perché vi dà l'idea di essere qualcosa che vi piacerebbe molto fare!

Le persone che si occupano di *Multilevel Marketing* sembrano spesso affette dalla sindrome della "prossima grande opportunità". A prescindere da ciò che pensate su di esse, le vendite multilivello sono strutturate per far sì che poche persone guadagnino molto, alcune guadagnino qualcosa e la stragrande maggioranza ci rimetta i soldi.

La differenza tra chi guadagna e chi ci rimette può riassumersi in un'unica parola: *perseveranza*. Chi guadagna sceglie una società e le rimane *fedele*. Continuerà a lavorare stabilmente per essa per un lungo periodo di tempo. Chi invece perde i soldi, di solito, si lascia tentare dalla promessa di ricchezze immediate, e quando queste non si concretizzano si arrende, oppure passa a un'altra occasione apparentemente "migliore". Ho incontrato molte persone che hanno provato decine di Multilevel senza mai riuscire a guadagnare nulla. Invece di continuare a cercare l'occasione "perfetta", avrebbero fatto meglio a scegliere un'attività qualsiasi e rimanervi fedele. Anche se avessero scelto un'attività sbagliata, destinata a fallire, avrebbero comunque imparato una lezione importante.

Questa mancanza di perseveranza *non* è un'esclusiva di chi si occupa di Multilevel. Si può dire lo stesso di molti imprenditori e uomini d'affari, che si lasciano tentare da qualsiasi buona idea o nuova opportunità si presenti loro, senza rendersi conto che il principale effetto di questa nuova opportunità sarà di distogliere gli sforzi dalla loro attuale attività.

In generale, per avere successo nel mondo degli affari è utile mantenere il focus della propria attività il *più ristretto possibile*. L'obiettivo dovrebbe essere di fare benissimo poche, selezionate cose. Se pensate di non avere il tempo per farle tutte benissimo, allora restringete ulteriormente il vostro focus, in modo da farne ancora meno!

Restringere il focus d'azione può essere piuttosto facile se si è un lavoratore autonomo o il capo di una piccola azienda, ma come riuscire a farlo se è il vostro capo ad assegnarvi progetti e impegni?

I dipendenti devono resistere alla tentazione di rilassarsi dando la colpa di tutti i loro problemi di gestione del tempo al proprio superiore. Il vostro capo ha la responsabilità di controllare che siate ben gestiti e che vi vengano assegnati dei compiti adeguati, mentre spetta a voi fornire al vostro capo le informazioni e i feedback di cui ha bisogno per svolgere bene il suo compito.

Se avete intenzione di andare dal capo per discutere del vostro carico di lavoro, è importante che voi per primi abbiate un'idea chiara di come il vostro lavoro dovrebbe essere svolto. Senza avere le idee chiare, come potete pensare di poter dare dei suggerimenti al vostro capo? Per difendere la vostra posizione, dovete prima aver ben chiaro quale sia.

Una pseudo-emergenza è un'emergenza che è tale solamente perché non l'avete affrontata prima.

CAPITOLO 6

EMERGENZA...
MA QUALE EMERGENZA?

IMMAGINATE DI PORTARE L'AUTO NELL'AUTOFFICINA di Joe Slobb. Joe è un ottimo meccanico e sa fare miracoli con le auto, ma fa tutto da solo e in modo totalmente disorganizzato. Quando un cliente gli telefona per chiedergli se gli può portare l'auto per un intervento di manutenzione o riparazione, Joe risponde: "La porti quando vuole". Nella sua officina ci sono sempre una decina di auto più o meno smontate. Lavora un po' su una, poi si stanca e passa a un'altra. Se qualcuno lo chiama dicendogli di avere urgente bisogno della macchina, Joe se ne occupa subito — finché il telefono non lo interrompe nuovamente.

La giornata lavorativa di Joe è un continuo susseguirsi di clienti arrabbiati che chiedono a che punto siano le loro auto. Si accorgeranno presto che, anche se la loro auto richiede solo un paio d'ore di lavoro, dovranno mettere in preventivo di non poterla utilizzare per almeno una settimana, o forse anche di più.

Il vantaggio di poter portare l'auto in officina quando gli pare *non* sembra più tale dal momento che non riescono a riaverla indietro. Infatti, molto spesso l'unica ragione per cui i clienti di Joe non entrano a reclamare la propria auto con la forza è che sanno che la troverebbero completamente smontata. E anche quando finalmente la riottengono, spesso scoprono che Joe si è dimenticato di fare o controllare qualcosa di importante.

Joe riesce a tirare avanti perché sa fare miracoli con quasi tutti i tipi di auto e perché ha prezzi molto bassi.

Il modo in cui Joe organizza, o meglio *non* organizza, il proprio lavoro non vi è familiare? In effetti, ricorda molto da vicino come tantissime persone trascorrono le proprie giornate — a prescindere dal fatto che siano in un'officina, in un ufficio o addirittura a casa.

Joe ha un concorrente in città, si chiama Mick Cool. Mick non è un meccanico migliore di Joe, ma ha un grande vantaggio — è molto ben organizzato. Quando qualcuno lo chiama perché ha bisogno di riparare l'auto, Mick prenota l'intervento per un giorno specifico. Sa esattamente per quanti giorni è già impegnato e sa per esperienza quanto tempo può richiedere ogni riparazione. Perciò sa quante auto può mettere in calendario ogni singolo giorno. Quando un cliente prenota un intervento sull'auto per un determinato giorno, è sicuro che la riavrà indietro il giorno stesso.

Mick fa una lista di controllo di tutti i lavori che devono essere eseguiti su ogni auto e quindi non trascura mai nulla. Lavora su un'auto alla volta, completa la *check list* e passa alla successiva. Eventuali problemi imprevisti vengono affrontati lì per lì, se questo è possibile. Ma se non lo è, chiama il cliente per prenotare un nuovo intervento per un altro giorno. A differenza di Joe, Mick va a casa ogni sera alla stessa ora, sicuro di aver finito tutto quello che doveva fare quel giorno. Grazie alla sua affidabilità, può farsi pagare molto più di Joe. E chi pensate ripari più macchine in una settimana?

Ogni volta che vi sentite sotto pressione domandatevi: sono Joe Slobb o Mick Cool?

Joe è l'incarnazione vivente di tutto quello che può andare male dal punto di vista della gestione del tempo. Studiamo in dettaglio il suo modo di lavorare e vediamo se si può applicare anche a noi.

⊃ Non ha stabilito alcun limite per il suo lavoro.
⊃ Reagisce a tutto ciò che attira la sua attenzione.
⊃ Si occupa di molte cose contemporaneamente.
⊃ Non ha un'idea precisa di quanto lavoro riesca a fare in un giorno.
⊃ Non completa il suo lavoro giornaliero.

Risultato: nel tentativo di accontentare sempre tutti, Joe è inefficiente, ha una capacità lavorativa inferiore a quella di Mick, delude le persone e guadagna meno di quanto le sue capacità gli permetterebbero.

Mick, al contrario, lavora molto diversamente:

⊃ Ha stabilito dei limiti per il suo lavoro.
⊃ Non si lascia distrarre.
⊃ Si occupa di una sola cosa alla volta.
⊃ Sa esattamente quanto lavoro riesce a fare al giorno.
⊃ Completa il suo lavoro giornaliero.

Risultato: anche se all'inizio i suoi clienti dovranno attendere di più, saranno sicuri di riavere la propria auto più velocemente e perfettamente funzionante. Mick è efficiente, ha un'elevata capacità lavorativa, non delude i clienti e può farsi pagare quanto merita.

JOE SLOBB	MICK COOL
Non ha stabilito dei limiti	Ha stabilito dei limiti
Reagisce a tutto quello che attira la sua attenzione	Non si lascia distrarre
Si occupa di molte cose alla volta	Si occupa di una sola cosa alla volta
Non ha un'idea reale di quanto lavoro sia in grado di svolgere in un giorno	Sa esattamente quanto lavoro è in grado di svolgere in un giorno
Non completa mai il suo lavoro quotidiano	Completa sempre il suo lavoro quotidiano
Bassa capacità lavorativa	Elevata capacità lavorativa
Tempi di consegna lunghi	Tempi di consegna brevi

La differenza basilare tra il modo di lavorare di Joe e quello di Mick si può riassumere in un'unica parola: *casualità*.

La giornata di Joe si svolge quasi interamente in modo casuale. È casuale quante auto arrivano nella sua officina in un dato giorno; è casuale quello che fà su di esse ed è casuale quando le restituirà ai rispettivi proprietari.

Di fronte alla stessa identica imprevedibilità nelle richieste dei clienti, Mick reagisce imponendo subito un ordine. Il suo modo di lavorare non è quasi per niente casuale. Anche di fronte a un imprevisto, Mick agisce velocemente per imporre nuovamente un ordine.

In che modo Mick riesce a creare ordine nella sequenza casuale con cui arrivano le richieste di intervento sulle auto? Prendendo le *distanze* dalle singole richieste. Mick ha creato una zona cuscinetto dove le richieste di intervento che arrivano a caso possono essere accumulate e ordinate. Joe, al contrario, non interporne alcuna distanza tra se stesso e gli eventi. Si limita a reagire a qualunque cosa accada.

È importante notare però che Mick non si limita a prendere le distanze, ma attribuisce anche un ordine. Prendere le distanze, senza attribuire un ordine, significherebbe solamente "posticipare" e quindi *accumulare* un impulso casuale per il futuro.

Questa tecnica di prendere le distanze e attribuire un ordine è l'essenza stessa del time management efficace.

Esercizio

Prendete nota di tutte le volte in cui siete tentati di fare qualcosa a caso nel corso di una giornata lavorativa. Potrebbe essere in risposta a un impulso improvviso; oppure in seguito a una richiesta da parte di qualcuno o a un imprevisto. Segnatevi tutte le volte in cui siete tentati di farlo, sia che poi effettivamente agiate a caso oppure no.

Di seguito alcuni tipici esempi di azioni casuali:

⊃ Ogni volta che il computer vi avvisa che è arrivata una nuova e-mail, smettete di fare quello che state facendo per andare a leggerla.

⊃ Vi occupate di un sacco di compiti minori, invece di portare avanti il progetto principale su cui vi eravate ripromessi di lavorare.

⊃ Un cliente vi telefona con una richiesta, e voi abbandonate quello che stavate facendo per rispondergli.

⊃ Vi viene in mente un'idea brillante, e voi cominciate subito a studiarci sopra.

⊃ Il capo vi scarica sulla scrivania del nuovo lavoro da svolgere, e questo manda all'aria i piani che avevate fatto per la giornata.

⊃ Qualcuno vi consiglia un sito Internet, e voi andate subito a visitarlo rimanendoci per 40 minuti.

⊃ Vi ricordate improvvisamente di qualcosa di cui vi eravate dimenticati, e correte a farla.

Questi sono soltanto alcuni esempi in un universo infinito di possibilità!

Il fattore comune di tutte queste situazioni sta nel fatto che avete agito immediatamente, in risposta a uno stimolo casuale, senza prima prendere le distanze e poi imporre un ordine. In altre parole, non avete creato una zona cuscinetto.

Per farlo è necessario avere ben chiaro il giusto grado di urgenza da attribuire ai singoli eventi. Vi avverto che a questo riguardo ci si auto-illude moltissimo. Come se non bastasse, si è spesso restii ad analizzare i diversi gradi di urgenza da assegnare al proprio lavoro. Perciò vi chiedo di leggere quanto segue con mente aperta. Se avvertite una certa resistenza, siate pronti a mettere in discussione i pregiudizi che avete.

Ai fini del time management, io distinguo tre gradi di urgenza:

☆ **Immediata**

☆ **In giornata**

☆ **Domani**

Badate bene che questi gradi di urgenza non si riferiscono all'importanza dei singoli compiti. Si riferiscono solamente alle dimensioni della zona cuscinetto da frapporre. *L'ideale sarebbe poter riunire tutto quello che c'è da fare e svolgerlo il giorno seguente.* In questo modo, sareste in grado di pianificare dettagliatamente la vostra giornata, riuscendo comunque a fornire una risposta *veloce.* Alcune cose però devono essere affrontate più urgentemente, e queste quindi rientreranno nelle categorie *Immediata* o *In giornata.* Esaminiamo le singole categorie una alla volta.

IMMEDIATA

Il grado di urgenza *Immediata* va attribuito solamente a eventi che richiedono un'attenzione istantanea ed esclusiva, tralasciando tutto il resto. Alcune professioni sono basate proprio su azioni immediate di questo tipo. Se fate parte di un servizio di emergenza, per esempio se siete un vigile del fuoco o un paramedico, gran parte del vostro lavoro consisterà nel fornire una risposta immediata alle emergenze. Anche se siete un commesso, oppure un cassiere di banca o un addetto allo sportello in un ufficio postale, il vostro lavoro consisterà nel fornire un simile servizio immediato.

Quello che è importante notare però è che questo tipo di lavori sono strutturati appositamente per fornire questo tipo di risposte immediate. Anche se le emergenze, o i clienti, si presentano a caso, la risposta fornita *non* è assolutamente casuale. Il modello organizzativo su cui si basa il lavoro impone ordine alla situazione. I servizi di emergenza dispongono di appositi sistemi di comunicazione e procedure, nonché di personale appositamente addestrato e dotato delle attrezzature adatte. Anche in negozi, banche e organizzazioni simili sono presenti procedure e personale addestrato ad hoc.

In questo tipo di strutture, se non si è in grado di fornire una risposta immediata, non è a causa di una cattiva gestione del tempo, ma di una cattiva *organizzazione*. Se l'ambulanza ci impiega due ore ad arrivare sulla scena di un incidente, è perché o il servizio è organizzato male, o le ambulanze sono troppo poche, o il personale è insufficiente, o magari lo staff non è sufficientemente preparato. Questi sono tutti problemi organizzativi, non problemi di gestione temporale. Se all'ufficio postale c'è una fila di oltre 200 metri, il motivo è che non ci sono abbastanza sportelli aperti o un numero sufficiente di addetti, oppure che il personale è addestrato male o le procedure sono troppo lunghe e complesse. Anche in questo caso, si tratta di questioni organizzative, non di gestione del tempo.

In che percentuale il vostro lavoro richiede una risposta immediata? Siate molto onesti a riguardo. In che percentuale richiede una *risposta immediata*? Ricordate che una risposta immediata comporta l'abbandono di qualsiasi altra attività.

Test di autovalutazione
Situazioni / Risposte

Quali di queste situazioni meritano una *risposta immediata*?

1 Il telefono squilla.

✔ *Rispondere* al telefono è un compito immediato — a meno che non abbiate deciso di non prendere chiamate perché state lavorando a qualcosa che richiede una concentrazione assoluta. È una vostra decisione. Ma se ritenete di non riuscire a lavorare perché ricevete troppe telefonate, dove affrontare un problema di natura organizzativa.

2 Rispondete al telefono ed è un cliente che vi fa una domanda semplice, a cui sapete e potete rispondere di getto.

   ✔ Il grado di urgenza riguarda il *contenuto* della domanda, non la vostra capacità di dare o meno una risposta rapida. Tuttavia, in questo caso, se sapete già che cosa rispondere senza doverci nemmeno pensare, è più veloce e più facile chiudere immediatamente la questione.

3 Rispondete al telefono ed è un cliente che vi fa una domanda la cui risposta comporta una ricerca di informazioni.

   ✘ Questa non è una situazione che richiede una risposta immediata — a meno che non vi chiamino dalla scena di un incidente per chiedervi consigli di pronto soccorso. È il *contenuto* della telefonata a determinare il grado di urgenza, non il fatto che si tratti di una telefonata.

4 Dalla finestra entra del fumo e scatta l'allarme antincendio.

   ✔ Questa è una *vera* emergenza. Richiede una risposta immediata!

5 Il vostro computer vi avvisa che è arrivata un'e-mail.

   ✘ Questa non è assolutamente una cosa che richiede un'azione immediata. Anzi, vi consiglio di *disattivare* del tutto il sistema di avviso delle e-mail.

6 Il vostro capo scarica sulla vostra scrivania una gran mole di lavoro dicendovi che ne ha bisogno entro fine giornata.

   ✘ Questa situazione giustifica una risposta *veloce*, ma non *immediata*.

7 Vi avvisano che la fotocopiatrice non funziona. Soltanto voi sapete come ripararla.

   ✔ Questo problema probabilmente richiede una risposta immediata, anche a costo di interrompere il vostro lavoro. Il fatto che siate interrotti da richieste di questo tipo è un problema organizzativo, che necessita di una *domanda organizzativa*, per esempio: "Perché sono l'unica persona che sa aggiustare la fotocopiatrice?"

8 Il vostro computer non si avvia.

✔ È decisamente necessaria una risposta immediata, dal momento che tutto il resto del vostro lavoro dipende dalla risoluzione di questo problema.

9 Vi ricordate improvvisamente di aver dimenticato il compleanno del vostro migliore amico.

✘ Questa situazione può meritare una risposta veloce, ma non immediata. Dopo tutto, perché vi siete dimenticati del compleanno? Perché *non* lavorate in maniera ordinata e sistematica, ecco perché!

10 Il vostro capo vi manda un'e-mail in cui vi dice: "Ho bisogno di sapere che cosa ne pensi. Ho una riunione a riguardo nel pomeriggio".

✘ Questa situazione necessita di una risposta veloce ma non immediata.

11 Un collega viene da voi per raccontarvi come sono andate le sue vacanze.

✔ In generale, va bene rispondere immediatamente a un'interruzione del genere, presumendo che non vi porterà via più di un paio di minuti. Tuttavia, se questo tipo di interruzioni sono per voi un problema, ricordate che avete un problema organizzativo, non di gestione del tempo.

12 Un collega viene da voi per raccontarvi gli ultimi progressi di un importante progetto di lavoro.

✘ Se questa discussione richiederà più di qualche minuto è meglio organizzare un'apposita riunione dove poterne discuterne in modo adeguato.

13 State lottando contro il tempo per riuscire a preparare un'importante presentazione che dovrete tenere nel pomeriggio. Improvvisamente un cliente vi telefona con una crisi di dimensioni considerevoli che deve essere risolta in mattinata.

✔ È necessaria una risposta immediata ma *non* alla crisi in quanto tale! La vostra risposta immediata sarà di prendervi qualche minuto per elaborare i possibili effetti della crisi e, se necessario, per organizzarvi in modo tale che qualcun altro svolga un po' di lavoro preparatorio alla presentazione. Questo vi permetterà di rispondere alla crisi in maniera ordinata e razionale.

14 Un potenziale cliente vi telefona per chiedere alcuni dettagli su un prodotto.

✔ Rispondete immediatamente. Tuttavia, se vi arrivano molte chiamate di questo tipo è importante investire del tempo per pensare a come organizzarsi al meglio per rispondere a questo tipo di richieste.

IN GIORNATA

Una delle distinzioni più difficili da fare a livello mentale è quella tra le questioni che richiedono una risposta *immediata* e le questioni che richiedono una risposta *veloce*, entro la giornata. Potrebbe sembrare una distinzione irrilevante, ma dal punto di vista della gestione del tempo esiste una differenza abissale tra le due categorie.

Per quanto mi riguarda, una risposta *in giornata* è una risposta che non è immediata, ma che deve essere data entro la fine della giornata. Si tratta di una definizione prettamente utilitaristica. Il punto fondamentale è che non è possibile pianificare questo tipo di risposte nel preparare il programma per la giornata. Le evenienze che richiedono una risposta veloce sono quindi molto difficili da gestire.

Infatti, dal punto di vista della gestione del tempo le risposte *in giornata* sono più difficili da gestire di quelle *immediate*. Questo perché, come abbiamo visto in precedenza, le risposte *immediate* sono una questione di organizzazione, non di gestione del tempo. Di fronte a un'emergenza imprevista, la risposta da dare è ovvia: se l'edificio brucia, non serve a niente perdere tempo ad assegnare le priorità — bisogna solo precipitarsi fuori.

Quanto detto in precedenza presuppone ovviamente che venga fatta la giusta distinzione fra le categorie *immediata* e *in giornata*. Uno dei motivi principali per cui il lavoro risulta spesso frammentario e poco focalizzato è proprio questa mancata distinzione. Molte persone tendono a reagire immediatamente agli stimoli, che ce ne sia davvero bisogno o meno. Questo significa che abbandonano ciò che stanno facendo per dedicarsi a una nuova attività. Che viene a sua volta abbandonata non appena qualcos'altro cattura la loro attenzione. In altre parole si comportano proprio come Joe Slobb.

Dobbiamo invece allenarci a prendere le distanze da quello che necessita di una risposta veloce. Abbiamo bisogno di un "cuscinetto" che ci permetta di imporre un ordine. Nella risposta alla domanda 13 dell'ultimo esercizio, ho spiegato come creare un cuscinetto in presenza di una crisi che richieda una risposta veloce, ma non immediata. Noterete che una qualsiasi reazione immediata alla crisi avrebbe probabilmente comportato un notevole livello di stress e panico. Invece la risposta immediata è stata di creare una zona cuscinetto, ossia il tempo necessario per scrivere tutto quello che bisognava fare. In questo modo, è stato quindi possibile affrontare il problema in maniera ordinata, invece che in maniera reattiva.

È necessario agire così perché a seconda che reagiamo reattivamente o agiamo ordinatamente siamo guidati da una parte diversa del cervello. Quando *reagiamo*, si attivano principalmente le parti primitive del cervello, per esempio il tronco encefalico. Quando invece *agiamo*, siamo guidati dalle parti più razionali ed evolute del cervello, per esempio la neo-corteccia.

Il cervello reattivo è molto utile quando ci troviamo di fronte a un'emergenza vera e propria, ma è di intralcio quando cerchiamo di preparare un piano d'azione razionale. **Creando una zona cuscinetto è possibile passare dal *cervello reattivo* al *cervello razionale*.** Una delle tecniche più efficaci per raggiungere questo scopo è *scrivere quello che intendiamo fare*. Poiché scrivere è un'attività cerebrale di livello superiore, ci costringe ad attivare in modo automatico una modalità cerebrale più razionale. Potete sperimentarlo voi stessi. Tenete d'occhio la vostra mente e aspettate che arrivi un impulso, per esempio: "Ho bisogno di un caffè", oppure "Questo link sembra interessante". Poi, invece di precipitarvi a prendere un caffè o a cliccare sul link, scrivete: "Prendere un caffè", o "Andare a visitare il sito www.markforster.net". Osservate che cosa succede quando lo fate. Se andrete effettivamente a bere un caffè o a cliccare il link, la vostra non sarà più la reazione a un impulso ma una decisione ponderata razionalmente. A quel punto, è molto probabile che decidiate che non vale la pena interrompere quello che state facendo, e quindi posticiperete.

Scrivere tutto quello che ritenete meriti una *risposta veloce* dovrebbe diventare la vostra regola. È bene tenere a portata di mano una lista separata dove annotare questo genere di azioni. L'atto di scrivere vi aiuterà a decidere se è davvero necessaria una risposta veloce *in giornata*, oppure se l'azione può essere posticipata fino a *domani* senza problemi. È fondamentale che questa diventi un'abitudine, perché quando si pianifica la giornata non è possibile prevedere questo tipo di azioni. Perciò dovrete tenere le risposte *"in giornata"* entro un livello minimo che sia coerente con gli obiettivi del vostro lavoro. In caso contrario, la vostra giornata sarà piena di fattori casuali — e ricordate: **i fattori casuali sono ciò che di più distruttivo possa esistere per il vostro lavoro.**

Vi spiegherò più avanti la tecnica migliore per scrivere questo tipo di azioni.

Test di autovalutazione
Situazioni / Risposte

Quali di queste situazioni merita una risposta *in giornata*?

1 Non avete ancora cominciato a scrivere quella relazione che dovete consegnare oggi. Avevate una settimana di tempo, ma non siete riusciti a farlo prima.

   ✔ Dal momento che la relazione deve essere pronta entro oggi, fareste meglio a scriverla, non vi pare? Ma, innanzi tutto, perché vi siete cacciati in questa situazione? Questo è un esempio di *pseudo-emergenza*, ossia un'emergenza che è diventata tale solo perché non è stata affrontata prima. Questo tipo di false emergenze portano via molto tempo e devono essere evitate a tutti i costi. Fortunatamente, il resto del libro vi insegnerà come fare!

2 Un cliente vi chiama per chiedervi alcune informazioni. Le avete raccolte tutte in un file, quindi tutto quello che dovete fare è spedire via e-mail il file al cliente.

   ✘ Dal momento che niente lascia intendere che la richiesta sia urgente, allora non necessita di una risposta in giornata. Ricordate: il grado di urgenza riguarda il *contenuto* della richiesta, non il fatto che sia una telefonata.

3 Un cliente vi chiama per chiedervi alcune informazioni che dovete cercare.

   ✘ Stessa risposta data alla domanda # 2. Tuttavia, tenete in considerazione che se l'una o l'altra delle richieste fosse stata urgente avrebbe meritato una risposta in giornata, a prescindere dal fatto che fosse bastato inviare un file o che aveste dovuto ricercare le informazioni. Il grado di urgenza riguarda il *contenuto* della richiesta, non quanto sia facile soddisfarla.

4 Il vostro capo scarica sulla vostra scrivania una grossa mole di lavoro e vi dice che gli serve entro la giornata.

   ✔ Se volete stare al passo con il lavoro, è meglio che questo venga fatto il giorno stesso. Tuttavia, se siete in lotta contro il tempo per completare il lavoro che avete già, forse fareste meglio a verificare con il vostro capo se davvero tutto il nuovo lavoro è urgente o solo una parte di esso.

5 Il vostro capo scarica sulla vostra scrivania una grossa mole di lavoro e vi dice che gli serve entro la fine della settimana (oggi è giovedì).

   ✘ Decisamente non richiede una risposta in giornata.

6 Il vostro computer ha sviluppato un'avaria irritante. Non vi impedisce di lavorare, ma vi innervosisce moltissimo.

   ✘ Dal momento che l'avaria non vi impedisce di lavorare, non vale la pena di occuparsene il giorno stesso. Anche se farlo oggi potrebbe portarvi un piccolo beneficio, il disturbo causato dall'introduzione di un elemento di casualità nella vostra giornata sarebbe comunque maggiore — soprattutto se si considera il fatto che gli interventi di manutenzione al computer via portano quasi sempre 10 volte più tempo di quanto previsto.

7 Un amico vi invia la seguente e-mail: "Devi assolutamente andare a visitare questo sito. Fa proprio al caso tuo".

✗ Il sito farà sempre "al caso vostro" anche domani, perciò non è necessario andare a visitarlo oggi!

8 Un collega vi invia la seguente e-mail: "Devi assolutamente andare a visitare questo sito. Contiene molte informazioni che ti saranno utili per il Progetto X".

✗ Non c'è indicazione alcuna che il Progetto X sia urgente, quindi non è necessario visitare il sito oggi.

9 Un collega vi invia un'e-mail riguardante una questione non urgente che richiede un'unica parola di risposta.

✗ Ricordate: il grado di urgenza della risposta dipende dall'urgenza della richiesta, non da quanto sia facile darla. Vi prenderei in giro se vi dicessi che non rispondo mai a un'e-mail del genere il giorno stesso. Ma ogni volta che lo faccio finisco per pentirmene, perché una volta che comincio a rispondere a un'e-mail tendo a continuare rispondendo anche alle altre. Inoltre, rispondere troppo rapidamente a un'e-mail può portare a un ping-pong telematico che può durare tutto il giorno. Il mio consiglio è di non rispondere il giorno stesso, a meno che il vostro collega non specifichi che è urgente.

10 Qualcuno vi porta le informazioni che stavate aspettando per completare una relazione importante.

✗ Nella situazione si dice che la relazione è *importante*, ma niente indica che sia anche *urgente*. Perciò non vale la pena occuparsene oggi, anche se probabilmente sarete molto tentati di farlo. Cercate di resistere alla tentazione — un elemento di casualità, per quanto importante, è pur sempre un elemento di casualità!

In teoria tutto il vostro lavoro dovrebbe rientrare all'interno di questa categoria. Perché è così importante? Perché in questo modo le azioni possono essere *pianificate*. Sono le cose da fare di cui siete già a conoscenza al momento di programmare la vostra giornata. **Uno dei grandi segreti del time management è di non attribuire ai compiti da svolgere più urgenza di quanta ne meritino.** Mai reagire a niente immediatamente; a meno che non si tratti di una vera e propria emergenza o il vostro lavoro non consista proprio nel fornire una risposta immediata e voi siate organizzati per farlo. Mai fare niente il giorno stesso, a meno che aspettare fino all'indomani non comporti uno svantaggio considerevole. Ma deve essere uno svantaggio davvero considerevole, perché in genere i vantaggi del non fare le cose il giorno stesso superano di gran lunga qualsiasi piccolo vantaggio guadagnato da una reazione veloce.

☞ **La vostra impostazione di default dovrebbe essere: Fallo domani (Do It Tomorrow)...**

... e dovreste essere disposti a cambiarla soltanto per un'ottima ragione. In caso di dubbio, aspettate fino a domani!

Ricordate che ogni volta che assegnerete a qualcosa il grado di urgenza "immediata" o "in giornata", questo qualcosa diventa un elemento di casualità, mentre le azioni a cui assegnerete il grado di urgenza "domani" possono essere pianificate — il che significa che non sono più elementi di casualità. Vorrei sottolineare ancora una volta quanto sia importante far rientrare quanto più lavoro possibile in quest'ultima categoria.

Test di autovalutazione
Situazioni / Risposte

Quali di queste situazioni può essere inserita nella categoria "Domani"?

1 Mentre state andando al lavoro vi viene un'idea brillante su cui vorrete riflettere in seguito. Non volete perderla.

✔ Annotatela e studiatela domani.

2 Ritornate da una riunione con una cartelletta piena di punti su cui agire.

✔ Svuotate il contenuto della cartelletta nella vaschetta del lavoro in arrivo e occupatevene domani.

3 Bill Gates in persona vi telefona per dirvi che sta considerando l'ipotesi di allegare il vostro prodotto a ogni copia di Windows. Vuole sapere in quanto tempo sarete in grado di sottoporgli una proposta.

✘ Questa è l'occasione che stavate aspettando da tutta la vita. Non c'è alcun bisogno di pianificarla o di assegnarle la massima priorità — dovete solo muovervi! Tutto ciò che dovrete fare è saltare sul prossimo aereo con una presentazione completa, diretti verso il quartier generale di Bill Gates.

4 Notate che l'orologio del vostro computer è impostato sul fuso orario sbagliato.

✔ Appuntatevi di regolarlo domani.

5 Non riuscite assolutamente a decidere se qualcosa debba essere fatto oggi o può essere posticipato a domani.

✔ La vostra impostazione di default è "Farlo domani". Cambiatela solamente se c'è un'ottima ragione. Se avete dei dubbi, "fatelo domani".

6 Nella vostra casella vocale c'è il messaggio di un cliente che vi chiede di richiamarlo.

✔ A meno che il cliente non abbia specificato che è *urgente*, appuntatevi di telefonargli domani.

7 Notate che il cassetto della vostra scrivania ha bisogno di essere messo a posto.

✔ Attenzione!!! Questo è esattamente il genere di "lavoro" *sostitutivo* che vi viene voglia di fare per evitare di occuparvi di un compito importante verso cui avete sviluppato resistenza. Appuntatevi di farlo domani.

8 Nel corso della giornata ricevete 106 e-mail.

✔ Rispondere a un tale numero di e-mail potrebbe portarvi via tutto il giorno, se non state attenti. Controllate le e-mail in arrivo per vedere se ce ne sono di davvero urgenti, ma rispondete a tutte le altre il giorno dopo, e in un'unica volta. Questo è di gran lunga il metodo migliore per rispondere alle e-mail.

9 Un collega vi chiede urgentemente alcune cifre da inserire in una relazione che "deve essere pronta entro la giornata".

✔ "Mi serve assolutamente per oggi" significa, di solito, "ho aspettato fino all'ultimo momento per farlo". Non c'è ragione per cui l'inefficienza del vostro collega rovini la vostra giornata, perciò ditegli che non sarete in grado di dargli le cifre prima dell'indomani.

10 Un cliente vi chiede di mandargli alcune cifre.

✔ Rispondetegli: "Gliele farò avere sicuramente domani".

Vediamo che cosa succede quando si assegnano male i tre gradi di urgenza.

Generalmente i **due principali errori** che si commettono a riguardo sono: inserire troppe cose nella categoria "immediata" e posticipare un'azione fino a un leggendario tempo futuro chiamato "dopo". In pratica, infatti, tante persone utilizzano di regola solo due categorie: "immediata" e "dopo". Il problema, in questo caso, è che sanno benissimo, per esperienza, che posticipare a "dopo" significa quasi sempre posticipare a *mai*. Per compensare tendono perciò a classificare troppe azioni come immediate, in quanto solo così sono sicuri di farle. Sfortunatamente però in questo modo è impossibile lavorare con un livello di ordine e metodo in grado di garantire che *tutto* venga effettivamente fatto.

Classificare troppe azioni come immediate è un grave problema. Le persone che cercano di lavorare adottando questa abitudine, finiscono per saltellare di qua e di là reagendo a qualsiasi stimolo. Da qui, la nota sensazione di frammentazione che rende stressante la giornata lavorativa di moltissime persone. Joe Slobb è un buon esempio di persona che assegna erroneamente il grado di urgenza "immediata" a tutto. Poiché vuole compiacere i clienti facendo vedere che si attiva immediatamente a ogni loro richiesta, finisce per offrire un servizio di qualità inferiore a quello di Mick Cool, che non finge di agire subito.

Il grado di urgenza "immediata" deve essere riservato ai servizi di emergenza, agli incontri con i clienti, alle chiamate di assistenza, agli ordini e a situazioni simili. A parte queste eccezioni, solo le **vere emergenze** hanno i requisiti per rientrare in questa categoria. In generale le risposte immediate non dovrebbero rappresentare un problema per la gestione del tempo. Se causano problemi, di solito, è a livello organizzativo o di sicurezza.

Le risposte "in giornata" rappresentano invece un problema

considerevole per la gestione del tempo. Infatti sono relativamente frequenti e introducono una casualità distruttiva nella nostra giornata in quanto non possono essere previste (se lo fossero non rientrerebbero nella categoria "in giornata" ma potrebbero essere pianificate). Come non mi stancherò mai di ripetere, è estremamente importante ridurre al minimo questo tipo di risposte. La definizione di minimo dipende dalla natura del lavoro che si svolge. In parte, si tratta sempre di raggiungere un compromesso tra occuparsi di qualcosa velocemente, a costo di scompaginare il resto del proprio lavoro, e aspettare fino all'indomani per occuparsene, in modo però non distruttivo e ordinato.

Esercizio

L'equilibrio fra i tre gradi di urgenza varia a seconda del lavoro svolto e della situazione. Investite un po' di tempo per analizzare ciò che fate. Osservate quanto del vostro lavoro *non programmato* finisce in ognuna di queste tre categorie. L'obiettivo è scoprire in che misura il vostro lavoro *meriti davvero* di essere inserito in ciascuna categoria (invece che in quella a cui lo avete attualmente assegnato). Scrivete di seguito la percentuale approssimativa di lavoro non programmato che rientra nelle singole categorie. Dopodiché, leggete le note.

A Quanto del mio lavoro richiede una risposta immediata?

? .... per cento

B In che misura il mio lavoro richiede una risposta in giornata (ma non immediata)?

? .... per cento

Totale: A + B = ... per cento

Lavoro rimanente: *no* risposta immediata o in giornata

? .... per cento

Note

Se la risposta alla domanda A è una percentuale alta, la natura del vostro lavoro dovrebbe rientrare nella fornitura di servizi diretti, per esempio addetto a un servizio di emergenza, addetto alla custodia bambini, addetto alla ristorazione, commesso, cassiere e via dicendo. Se non svolgete un lavoro del genere, avete probabilmente frainteso il significato di risposta immediata. Tornate indietro e rileggete il capitolo!

Se la risposta alla domanda B è una percentuale alta, dovete domandarvi quale sia la causa di un grado di urgenza così elevato. Siete costantemente in lotta contro il fuoco? I vostri sistemi non funzionano adeguatamente? State agendo da parafulmine per l'inefficienza degli altri? Oppure la filosofia, piuttosto ingiustificata, del vostro ambiente di lavoro è quella di fornire una "risposta immediata"? O ancora, il vostro capo fa richieste irragionevoli? Ricordate: ogni azione che rientra in questa categoria renderà più difficile gestire correttamente il vostro lavoro.

Se la maggioranza del vostro lavoro *non* rientra nelle categorie "immediata" o "in giornata", siete sulla buona strada per diventare una persona ben organizzata.

Ricordate la formula: *efficienza = creatività x ordine*?

Sapere qual è il giusto grado di urgenza da assegnare al proprio lavoro è la chiave per aumentare l'ordine. Aumentando il livello di ordine libererete la vostra creatività, così da raggiungere il massimo grado di efficienza possibile.

Commento

Alcune persone mi contestano il fatto che nel loro lavoro non possono aspettare fino all'indomani per fare le cose. Sono sempre troppo urgenti. Non ci sarebbero problemi se, in effetti, queste persone sbrigassero velocemente tutto il lavoro che hanno da fare. Ma se indago più a fondo, di solito scopro che per fare alcune cose urgentemente *trascurano* tutto il resto. La conseguenza di sbrigare troppo lavoro, troppo velocemente, è che questo ha un effetto deleterio su tutto il resto. La loro risposta è quindi sbilanciata: o un dato lavoro viene svolto immediatamente o rimane nel cassetto per secoli. Quello che vi propongo io invece è una risposta standardizzata: svolgere *tutto* il lavoro il giorno dopo. In questo modo si riesce a velocizzare notevolmente il tempo medio di risposta.

Se rientrate nella media, probabilmente distribuirete il vostro lavoro, in maniera alquanto casuale, su una grande varietà di tempi di risposta. Un po' verrà svolto immediatamente. Un po' entro la giornata. Un po' il giorno dopo. Un po' rimarrà inevaso per molti giorni. Un po' non verrà svolto per niente. Non c'è alcuna particolare spiegazione logica del perché una parte del vostro lavoro venga svolta in un determinato intervallo temporale, piuttosto che in un altro.

Al posto di questa situazione caotica e insoddisfacente, questo libro vi propone due sole alternative per svolgere il vostro lavoro: *oggi* e *domani*. Con una forte preferenza per *domani*.

Ora cercherò di spiegarvi in che modo riuscirci. Per prima cosa, dovete imparare a utilizzare meglio uno degli strumenti più efficaci per una buona gestione del tempo: le liste chiuse. E proprio questo sarà l'argomento del prossimo capitolo.

*La lista chiusa è un mezzo per imporre
dei limiti al proprio lavoro, al fine di
aumentarne l'efficienza.*

CAPITOLO 7

LISTE CHIUSE

I L GRANDE VANTAGGIO DI INSERIRE LA MAGGIORANZA del vostro lavoro nella categoria "domani" è che in questo modo potete sfruttare appieno le liste chiuse. Per continuare con l'esempio delle due officine meccaniche: Joe Slobb non ricorreva mai alle liste chiuse, mentre Mick Cool le utilizzava per fare ogni cosa; e proprio questo gli permetteva di essere molto più efficiente di Joe Slobb.

Nel Capitolo 2, "I Princìpi", ho già accennato alle liste chiuse parlando dei limiti. Una *lista chiusa* è un mezzo per imporre dei limiti al proprio lavoro allo scopo di aumentare la propria efficienza. È molto più facile sbrigare una lista chiusa che una lista aperta. Nel capitolo dedicato ai princìpi, ho illustrato come utilizzare le liste chiuse per smaltire il lavoro arretrato.

Ora vediamo come usarle per prendere il controllo della nostra giornata lavorativa. La maggioranza delle persone ricorre pochissimo a questo strumento per controllare il proprio lavoro, tendendo invece a fare affidamento sulle liste aperte. La forma più comune di lista aperta è la tradizionale *lista delle cose da fare*.

Quello che rende una lista di cose da fare una lista aperta è la possibilità di fare delle *aggiunte*. Non c'è nessuna riga di sbarramento dopo l'ultima voce. Quindi può capitare di incominciare la giornata con un elenco di 20 voci e poi, durante il giorno, di svolgerne alcune, ma contemporaneamente di aggiungerne altre. La maggior parte di noi ha vissuto l'esperienza di darsi da fare tutto il giorno per completare la lista delle cose da fare, per poi ritrovarsi a fine giornata con più voci di quelle iniziali.

La lista aperta è uno dei più grandi spauracchi nella lotta per diventare ordinati. È praticamente impossibile terminare il proprio lavoro in presenza di un flusso costante di nuove cose da fare. Perciò, di solito, si finisce per scegliere di fare quello che attira la propria attenzione in un determinato momento, lasciando il resto "per dopo". Con l'inevitabile risultato che le voci non svolte vanno a formare un arretrato di lavoro.

Una *lista aperta* è quindi un insieme di cose da fare a cui è possibile aggiungere nuove voci. È come un club che recluta attivamente nuovi membri. I membri originari diventano sempre meno, e si lamentano di quanto sia difficile conoscere gente nuova di questi tempi!

Una *lista chiusa* è l'esatto opposto: un insieme di cose da fare a cui non è possibile aggiungere nuove voci. È proprio come un club che non accetta più nuove iscrizioni, ed è destinato a estinguersi man mano che i membri originari muoiono.

Come abbiamo visto in precedenza, una *lista di controllo* è un buon esempio di lista chiusa. Quando dobbiamo svolgere un nuovo compito è spesso consigliabile suddividerlo in compiti più piccoli e preparare una lista di controllo. Quest'ultima non è un lavoro in più: per quanto dettagliata possa essere, rientra ancora nell'ambito circoscritto del compito originario. Mick Cool preparava una lista di controllo per ogni auto da riparare. In pratica, ogni sua giornata lavorativa consisteva in un elenco chiuso di auto da riparare (ossia quelle prenotate per quel giorno) con una lista di controllo per ciascuna di esse. Perciò non doveva fare altro che cominciare dalla prima auto, eseguire gli interventi necessari seguendo la lista di controllo e poi passare all'auto successiva. L'esatto opposto del modo di lavorare di Joe Slobb, nella cui officina arrivavano continuamente nuove auto da riparare, e che non aveva alcuna lista di controllo per gli interventi da effettuare. Con il risultato che il suo lavoro veniva svolto totalmente in modo casuale.

I diversi effetti di una lista chiusa e di una lista aperta sono visibili anche quando si tratta di gestire le centinaia di e-mail che arrivano mentre si è in vacanza.

Se decidete di evaderle in modalità "lista aperta", comincerete a rispondere a quelle che sembrano particolarmente urgenti, importanti o attraenti, lasciando le altre "per dopo". Ma intanto nuove e-mail cominceranno ad arrivare, e voi non riuscirete mai a mettervi del tutto alla pari. Al momento di andare nuovamente in vacanza, probabilmente non avrete ancora finito di evadere le e-mail.

Che cosa succederebbe invece decidendo di evadere le e-mail in modalità "lista chiusa"? Come affrontereste questo compito? Scarichereste tutte le e-mail arrivate durante la vostra assenza per poi evaderle, off-line, in un'unica volta. Magari ci vorrebbero diverse ore, ma vi accorgereste che con ogni probabilità ci mettereste comunque molto meno che se non foste andati in vacanza e aveste dovuto rispondere alle e-mail via via che sarebbero arrivate.

Il metodo di gran lunga più veloce per rispondere alle e-mail è quello di raggrupparle in **blocchi chiusi**. Ma i vantaggi di questa tecnica non si limitano alle e-mail. **Riunire le attività simili insieme per poi sbrigarle in una volta sola aumenta sempre l'efficienza.**

Se vi è capitato di dover fare un sacco di telefonate, sapete che il sistema più veloce ed efficiente per farle è preparare prima una lista delle chiamate da fare e poi effettuarle seguendo l'ordine stabilito. Se qualcuno non risponde, si passa alla chiamata successiva. Una volta arrivati in fondo, si ricomincia daccapo richiamando i numeri che prima non avevano risposto.

Alcuni altri esempi di liste chiuse sono:

⊃   La lista di controllo dei documenti necessari per la preparazione della dichiarazione dei redditi.

⊃   L'elenco delle cose da fare prima di uscire dall'ufficio la sera (chiudere gli armadietti, spegnere i computer, inserire l'allarme ecc.)

⊃   La lista della spesa.

Questo tipo di liste chiuse facilita il lavoro.

Mick Cool trova il proprio lavoro molto meno stressante di Joe Slobb. Ma non solo, riesce anche a fare più cose e a offrire un servizio migliore ai suoi clienti.

Esaminiamo ora una delle caratteristiche più importanti delle liste chiuse.

Immaginate di avere una giornata completamente libera in cui l'unica cosa che dovete fare è portare a termine una lista di 20 voci. Siete sicuri che non sarete interrotti e che niente andrà ad aggiungersi all'elenco (beh, ho premesso che si tratta di uno scenario immaginario!) Tutte le voci in elenco sono indipendenti l'una dall'altra e nessuna di esse è così urgente da dover essere completata entro la fine della giornata.

Potrete andare a casa appena avrete finito l'elenco — ma non un minuto prima.

Immaginate inoltre che le voci in elenco siano di natura molto diversa tra loro. Alcune richiedono più tempo di altre per essere svolte; alcune sono più difficili, più urgenti, più importanti oppure meno piacevoli di altre; e così via.

Prima di continuare a leggere, rispondete a questa domanda: *qual è l'ordine migliore per svolgere le azioni in lista?* Segnate con una crocetta quello che secondo voi è l'ordine di priorità migliore tra i seguenti:

☐ Prima le azioni più difficili
☐ Prima le azioni più facili
☐ Prima le azioni più urgenti
☐ Prima le azioni più importanti
☐ Prima le azioni più brevi
☐ Prima le azioni più lunghe
☐ Prima le azioni che vi piacciono di meno
☐ Prima le azioni che vi piacciono di più
☐ Le azioni nell'ordine in cui sono state scritte
☐ Altro ....

Qual è secondo voi l'ordine di priorità migliore? Rispondete alla domanda adesso, se non l'avete ancora fatto.

Quando pongo questa domanda, durante i miei seminari, di solito ottengo ogni genere di risposta possibile.

La mia risposta è: "Non ha nessuna importanza".

Purché esauriate la lista, non importa in che ordine fate le cose. Potete svolgere le azioni nell'ordine che ritenete più appropriato. Ma badate che questo vale *solamente* se esaurite la lista.

L'ordine in cui si fanno le cose diventa invece importante, molto importante, se l'elenco non viene completato. Il giorno dopo avrete una nuova lista, a cui andranno ad aggiungersi le azioni non svolte della vecchia lista. Se questo si ripete giorno dopo giorno, vedrete che sarà un problema: applicando sempre lo stesso principio per decidere quali azioni svolgere per prime, ne consegue che anche le azioni da svolgere per ultime rimarranno sempre le stesse.

Se di norma si svolgono prima le azioni considerate *più urgenti*, che cosa accadrà a quelle *meno urgenti*? Non verranno svolte finché non diventeranno abbastanza urgenti da attrarre l'attenzione.

Se invece si svolgono prima le azioni considerate *più importanti*, che cosa accadrà a quelle *meno importanti*? Non verranno svolte finché non reclameranno la loro importanza andando a rotoli.

Infine se si svolgono prima le azioni *più facili, niente di difficile verrà mai fatto*. **Ci sarà sempre qualcosa di "più facile" da fare!**

L'unico modo per evitare che tutto ciò accada è assicurarsi di terminare sempre la lista. Se lo farete, l'ordine in cui le azioni vengono completate sarà assolutamente irrilevante. Ecco perché è fondamentale non farsi carico di più lavoro di quello che si è in grado di svolgere. Il vostro carico di lavoro quotidiano deve essere equilibrato. Come vedremo, grazie alle liste chiuse sarà più facile gestire il tutto.

Finché sarete sicuri di riuscire a fare tutto quello che avete messo in elenco, qualsiasi ordine di svolgimento scegliate andrà bene — presumendo che non ci siano azioni collegate l'un l'altra. Personalmente, quando mi trovo di fronte a una lista chiusa, di solito sbrigo prima le azioni più facili. Nel caso di un gruppo di e-mail, per esempio, per prima cosa rispondo a quelle che non richiedono un'attenzione particolare. Poi le passo nuovamente in rassegna rispondendo a quelle facili. Procedendo con questa tecnica arrivo presto alle due o tre che richiedono una certa considerazione. Uno dei principali vantaggi di questo modo di procedere è che il numero di e-mail ancora da evadere si riduce velocemente.

Come già detto in precedenza, il lavoro arretrato è uno di quei problemi che si possono risolvere applicando il principio delle liste chiuse. Ogni tanto mi accorgo che per una ragione o per l'altra — di solito perché mi sono caricato di troppi impegni — resto indietro con il lavoro e ho difficoltà a rimettermi in pari. È una condizione particolarmente irritante per me, abituato come sono ad avere sempre il controllo del mio lavoro; odio infatti la sensazione che si prova quando si rimane indietro e il modo in cui questo comincia a prosciugare le mie energie. Dopo aver tirato avanti per qualche giorno, decido che è tempo di "dichiarare un arretrato". Metto tutto il lavoro inevaso in una cartellina su cui scrivo "Arretrato" e ricomincio daccapo. Il senso di liberazione è istantaneo! Naturalmente, la *cartellina del lavoro arretrato* dovrà essere svuotata, ma trasformando questo compito nella mia "iniziativa corrente" (vedi Capitolo 10), riesco a farlo nel giro di qualche giorno al massimo.

Se vi è mai capitato di trovarvi pesantemente indebitati, saprete che i *debiti* hanno molte caratteristiche in comune con gli *arretrati di lavoro*. Considerando un debito alla stregua di un "arretrato di soldi", vi renderete conto che può essere gestito come si fa con un qualsiasi altro arretrato.

Molte persone di fronte a un debito si comportano come chi ha accumulato un arretrato di lavoro. Cercano disperatamente di *sanarlo*, ma nel contempo continuano a spendere contribuendo ad *accrescerlo*. Perciò, nonostante gli sforzi, la situazione rimane più o meno la stessa. In questi casi capita quindi che tali persone vadano alla disperata ricerca di nuove fonti di finanziamento mentre, allo stesso tempo, cercano un sistema per arricchirsi velocemente, con cui saldare tutti i loro debiti. Intanto però continuano a spendere, perché le singole voci di spesa sembrano insignificanti rispetto alla montagna di denaro speso (ossia i debiti accumulati). Così facendo gettano benzina sul fuoco.

Applichiamo invece il principio delle liste chiuse come mezzo per uscire dai debiti. Proprio come con un arretrato di lavoro, il *primo passo* da compiere è mettere un freno ai debiti esistenti. Farlo è spesso molto doloroso e implica soluzioni drastiche come, per esempio, tagliare le carte di credito e decidere di non contrarre più debiti per nessuna ragione. Il passo successivo, nel caso degli arretrati di lavoro, è assicurarsi di essere in grado di gestire il nuovo lavoro in arrivo. Allo stesso modo, il *secondo passo* per liberarsi dai debiti è dare un taglio drastico alle spese attuali per non sforare dal budget a disposizione. In caso contrario, si continueranno a contrarre debiti. Infine l'*ultimo passo* è cominciare a demolire poco a poco l'arretrato. Nel caso dei debiti, questo significa iniziare a saldarli. Ci vorranno tempo e determinazione, ma almeno ci si potrà riuscire. *Purché si proceda nell'ordine giusto, sarà davvero possibile.*

Test di autovalutazione
Situazioni / Risposte

Quale delle seguenti è una *lista chiusa*?

1 Vi siete accorti che la vostra auto presenta una serie di piccoli problemi. Nessuno di questi vale il disturbo di portare l'auto in officina così, via via che li notate, scrivete i guasti in un apposito elenco che salvate nel vostro PC, in modo tale da farli sistemare *tutti insieme* in occasione della prossima revisione.

   ✔ Questa è una lista chiusa. Anche se nuove voci continueranno ad essere aggiunte fino al giorno della revisione, *non si comincerà ad agire prima che la lista sia stata chiusa.* La caratteristica distintiva di una lista aperta è che si agisce continuando nel frattempo ad *aggiungere* nuove voci.

2 Siete rimasti molto indietro con il lavoro ed è previsto che andiate in vacanza la settimana prossima. Vi sedete e preparate un elenco di tutte le cose da fare prima di partire. Tutto il resto dovrà aspettare fino al vostro rientro!

✔ Questo è un buon esempio di come sia possibile usare una lista chiusa per concentrarsi su quello che è davvero necessario fare.

3 Vi è capitato, in un paio di occasioni, di rimare chiusi fuori casa; perciò adesso ogni volta che state per uscire, avete preso l'abitudine di ricordare a voi stessi: "Soldi, chiavi di casa, chiavi della macchina".

✔ Avete creato una breve lista di controllo che funzioni come *aide-mémoire*. Una lista di controllo è un tipo di lista chiusa.

4 Avete preparato la lista delle cose da completare durante il giorno. Nel corso della mattina saltano fuori altre due o tre cose, e voi le aggiungete in fondo alla lista.

✘ Dipende da come vengono aggiungete le nuove voci. Se vi limitate ad aggiungerle e a sbrigarle sulla stessa base delle altre, allora si tratta di una lista aperta. Se, al contrario, avete tracciato una riga in fondo all'elenco originario e aggiunto le nuove voci sotto la riga, in modo da evaderle per ultime, allora l'elenco originale rimane una lista chiusa. *È molto più efficace usare il secondo metodo.*

Nel prossimo capitolo parleremo di una tecnica molto efficace per creare liste chiuse, grazie alla quale sarete in grado di svolgere tutto il vostro lavoro su base giornaliera. L'ho definita il *principio mañana*, ovvero l'arte di fare tutto posticipandolo a domani.

CAPITOLO 8

IL PRINCIPIO MAÑANA

G IUNTI A QUESTO PUNTO È BENE FARE UN BREVE riepilogo. Negli ultimi capitoli abbiamo visto che *due sistemi* per arrivare ad avere un maggior controllo sulla propria giornata sono:

1   Evitare di agire il giorno stesso, ogni volta che questo è possibile.

2   Sfruttare al massimo le liste chiuse.

Questi due punti si integrano perfettamente a vicenda creando quello che ho definito: **principio mañana**, ossia *l'arte di riuscire a fare tutto, posticipandolo a domani*. Il nostro motto diventerà quindi: **"Non esiste niente di così urgente da non poter essere posticipato a domani".**

Naturalmente, in origine il senso di questo modo di dire era che posticipando qualcosa a domani si corre il rischio di non farla mai, dal momento che ci sarà sempre un ulteriore domani. Non è questo il mio consiglio! Quello che vi sto suggerendo è di *mettere insieme tutto il lavoro che vi arriva nel corso di una giornata e di svolgerlo il giorno successivo.* In altre parole, di inserire un ***giorno cuscinetto.***

I vantaggi di questo modo di lavorare sono molteplici; per riuscire ad evidenziarli, basta fare un confronto con il modo in cui lavoriamo di solito.

PRINCIPIO MAÑANA	MODO TIPICO
Lista chiusa automatica	Nessuna lista chiusa
Nuove voci sbrigate in maniera sistematica	Nuove voci sbrigate a casaccio
Interruzioni ridotte al minimo	Continue interruzioni
Facile pianificazione della giornata lavorativa	Difficile pianificazione della giornata lavorativa
In media, una giornata di lavoro svolto ogni giorno	Carico di lavoro non correlato con una giornata lavorativa
Facile diagnosi degli errori nel caso si rimanga indietro	Difficile diagnosi degli errori nel caso si rimanga indietro
Si riesce a finire il proprio lavoro quotidianamente	Non si riesce a finire il proprio lavoro quotidianamente

Quello che vi consiglio di fare è di raccogliere il lavoro che vi arriva durante il giorno e di sbrigarlo tutto, in una volta sola, il giorno seguente.

Il lavoro può essere suddiviso per tipologia, per esempio: e-mail, messaggi vocali, documenti cartacei, compiti ecc.

Esaminiamo più in dettaglio come:

E-MAIL

Per alcune persone le e-mail rappresentano un gran problema, e l'importanza di evaderle sistematicamente non sarà mai abbastanza sottolineata. Sfortunatamente, per loro stessa natura, le e-mail incoraggiano un approccio frammentario e casuale.

Abbiamo già esaminato il modo migliore per sbrigare le e-mail: salvare i messaggi che arrivano durante tutto il giorno ed evaderli a blocchi. Applicando il principio mañana, le e-mail verranno evase solamente *una* volta al giorno.

Le e-mail hanno l'enorme vantaggio di arrivare in un unico posto e già in ordine. Questo significa che è facilissimo evadere tutte insieme, quelle arrivate in uno stesso giorno, visto che tutti i programmi di posta elettronica vi permetteranno di ordinare le e-mail in base alla data e all'ora di arrivo.

Con le ultime versioni di *Outlook* è ancora più facile. Personalmente utilizzo *Nelson Email Organiser,* un *plug-in** che funziona in aggiunta a *Outlook* e archivia automaticamente le e-mail. Una delle azioni automatiche svolte da questo software è quella di spostare tutte le e-mail arrivate il giorno prima in un'apposita cartella. Posso inoltre impostare un filtro che elimina dalla vista tutte le e-mail a cui ho già risposto. In questo modo, la mia motivazione non subisce cali perché mentre lavoro, l'elenco diventa fisicamente più breve. Utilizzando questo metodo ho ridotto drasticamente la quantità di tempo impiegato quotidianamente per rispondere alle e-mail.

---

* Il plug-in (o add-on) è un programma *non* autonomo che interagisce con un altro programma per ampliarne le funzioni — N.d.R.

MESSAGGI VOCALI

Potete affrontare i messaggi vocali proprio come se fossero delle e-mail, ossia potete occuparvene il giorno successivo rispetto alla data in cui li avete ricevuti. Tuttavia, se rispondete al telefono personalmente, ricordate che l'urgenza dell'azione da intraprendere dipende dal contenuto del messaggio, non dal fatto che si tratta di una telefonata. Di solito è sufficiente dire a chi chiama: "Me ne occuperò domani". Se sanno per esperienza che davvero lo farete il giorno successivo, ai loro occhi risulterete già molto più efficienti della maggioranza.

Come *registrare* tutte le cose che avete promesso di fare domani? *Scrivendole*, naturalmente. Vedremo dove, quando ci occuperemo dei compiti.

DOCUMENTI CARTACEI

In passato il lavoro d'ufficio consisteva soprattutto in "scartoffie". Quando ho fatto il mio ingresso nel mondo del lavoro, ricordo che non esistevano fax, e-mail o messaggi vocali e che per fare una telefonata interurbana bisognava passare attraverso un apposito operatore. Poi arrivarono i computer e ci fu promesso che saremmo presto arrivati ad avere "uffici senza carte". Tutto quello che posso dire è che il giorno in cui ho comprato il mio primo computer è stato anche il giorno in cui ho cominciato a comprare carta a risme. Oggi la compro in scatoloni da cinque risme!

Da quando ho cominciato a lavorare, le altre grandi invenzioni da ufficio sono state la fotocopiatrice, le stampanti laser e a getto di inchiostro. Il risultato di tutto questo ovviamente è che ora non solo abbiamo tutti questi nuovi mezzi di comunicazione, ma anche *molti* più documenti cartacei di prima.

I documenti cartacei ci pongono di fronte a due problemi principali: come evaderli in maniera efficace e come archiviarli. Darò alcuni suggerimenti sull'archiviazione nel Capitolo 15, dedicato ai sistemi. In questo capitolo mi concentrerò su come evaderli in modo efficace.

A differenza delle e-mail, i documenti cartacei non arrivano tutti in un unico posto già ordinati. Abbiamo la tendenza a pensare che i documenti cartacei siano solamente quelli che arrivano per posta. In realtà, con questo mezzo ci arriva solamente una minima parte di essi, i quali invece nel corso della giornata provengono da fonti diversissime. Potrebbe capitarvi di tornare in ufficio, dopo una riunione, con una cartella piena di documentazione. Oppure di stampare l'allegato di un'e-mail, o di prendere appunti su un progetto o un'idea, o ancora di tornare dalla visita a un fornitore con un pacco di fatture, o di ricevere file da altri uffici. Infine potrebbe capitarvi di stampare le bozze delle lettere che scrivete per controllarle prima di spedirle.

Tutti questi documenti cartacei hanno la tendenza a *sparpagliarsi*. Se lavorate da casa è facile che finiscano ammucchiati in giro per le varie stanze. La stessa cosa può succedere in un ufficio, anche se probabilmente in misura inferiore. Le cartelline hanno una naturale predisposizione a trasformarsi in arretrati mobili di documenti cartacei.

Il primo passo per arrivare ad avere il pieno controllo su questo tipo di documenti è predisporre un punto di raccolta centralizzato per tutti i documenti in arrivo. La scelta più facile è utilizzare un'apposita vaschetta portadocumenti dove mettere tutte le carte indirizzate alla vostra attenzione. Naturalmente, la maggior parte delle persone ha già una vaschetta portadocumenti dove, in teoria, dovrebbe raccogliere tutto il lavoro in entrata. Sfortunatamente però questa vaschetta tende a essere utilizzata come deposito di documenti cartacei inevasi. In effetti, nella maggior parte dei casi, le vaschette del lavoro in entrata sono piene di lavoro arretrato. Per controllare come si deve i documenti cartacei è essenziale restituire alla vaschetta del lavoro in entrata il suo ruolo chiave di punto di raccolta. Questa vaschetta non dovrebbe contenere nient'altro che gli ultimi documenti cartacei arrivati, mentre attendono di essere evasi tutti insieme in una volta sola.

Senza una vaschetta del lavoro in entrata che funzioni come si deve, non saprete dove mettere i nuovi documenti cartacei. Non vi va di metterli nella vostra attuale "vaschetta del lavoro in entrata" perché sapete già che non è altro che una pila di documenti cartacei inevasi. E se non sapete dove mettere qualcosa, questo qualcosa tenderà a bloccare il flusso lavorativo e a perdersi.

Una volta ristabilito l'uso corretto della vaschetta del lavoro in entrata, non dovrete più chiedervi dove mettere una carta, perché la risposta sarà sempre: "nella vaschetta del lavoro in entrata". Se non avete una risposta pronta a questa domanda, i documenti cartacei tenderanno ad accumularsi a mucchi. Ora che invece sapete esattamente che cosa fare di ogni nuovo documento cartaceo che vi arriva, questa tendenza dovrebbe scomparire.

Ovviamente non basta mettere i documenti cartacei nella vaschetta del lavoro in entrata per poi dimenticarsene. Lo scopo è lasciare che si accumulino nel corso della giornata, in modo da poterli sbrigare tutti insieme il giorno dopo. Proprio come facciamo con le e-mail.

Con una vaschetta del lavoro in entrata perfettamente funzionante è facile riuscirci. All'inizio di ogni giornata lavorativa, la vaschetta dovrebbe essere vuota. Quando aprite la posta, mettete nella vaschetta tutto quello che non viene gettato via immediatamente e lasciatelo lì — non pensateci più. Quando tornate da una riunione, pieni di appunti e documenti, metteteli nella vaschetta e lasciateli lì.

Quando scrivete dei promemoria su un progetto, metteteli nella vaschetta e lasciateli lì. Quando vi arrivano file o documenti da un altro ufficio, metteteli nella vaschetta e lasciateli lì. Quando stampate l'allegato di un'e-mail, mettetelo nella vaschetta e lasciatelo lì. Quando ritornate in ufficio dopo aver acquistato delle attrezzature per l'ufficio, mettete le fatture nella vaschetta e lasciatele lì. Se ricevete un fax, mettetelo nella vaschetta e lasciatelo lì.

Ricordate: il vostro obiettivo è riunire tutti i documenti cartacei che vi arrivano nel corso di una giornata di lavoro. Alla fine della giornata (o all'inizio di quella successiva), prendete tutti i documenti presenti nella vaschetta del lavoro in entrata (Vaschetta A) e metteteli in una seconda vaschetta (Vaschetta B). La Vaschetta B conterrà quindi tutti i documenti cartacei arrivati il giorno prima, ed è perciò una lista chiusa che può essere evasa tutta in una volta. In questo modo, mentre vi occupate dei documenti arrivati ieri, sarete protetti dall'arrivo di quelli nuovi, i quali andranno a finire nella vaschetta A dove per il momento non verranno toccati.

Come nel caso di e-mail e messaggi vocali, dovrete monitorare tutto quello che vi arriva per verificare che non ci sia qualcosa che richieda una risposta in giornata. Ci sono meno probabilità che accada rispetto alle e-mail. Ricordate la regola: **tutto dovrà essere svolto domani, a meno che non ci sia un'ottima ragione per farlo oggi.**

COMPITI

Fin qui ho spiegato come riuscire a evadere e-mail, messaggi vocali e documenti cartacei, ossia il tipo di messaggi che ci arriva attraverso i vari mezzi di comunicazione. Se ne utilizzate altri (per esempio, un sistema di messaggistica istantanea o di testo), potete gestirli applicando gli stessi princìpi.

Queste comunicazioni rappresentano una parte considerevole del nostro lavoro quotidiano, ma sicuramente non tutto. Ci sono una marea di altre cose da fare che si possono raggruppare sotto il nome generico di "compiti". In generale, rientra in questa categoria tutto quello che dobbiamo fare e che non riguarda le e-mail, i messaggi vocali, i documenti cartacei in arrivo o gli altri mezzi di comunicazione.

Naturalmente, molti compiti sono la diretta conseguenza delle nostre comunicazioni. Possiamo, per esempio, ricevere un'e-mail che ci chiede di scrivere una relazione o di farci carico di un nuovo progetto. All'e-mail in quanto tale rispondiamo insieme alle altre ricevute lo stesso giorno. La relazione invece, se è troppo lunga per essere gestita come parte dell'e-mail, potrà essere svolta separatamente come uno dei nostri "compiti". Altri compiti ci possono arrivare da fonti diversissime. Per esempio, potrebbero essere parte di progetti più ampi, oppure richieste di clienti o superiori, o ancora promesse fatte da noi stessi, o semplicemente qualcosa che ci siamo convinti sia necessario fare.

A volte si tratta di azioni relativamente semplici, che possono essere svolte in un'unica volta, come per esempio:

- ⊃ Chiamare l'assicurazione per un preventivo.
- ⊃ Riordinare il cassetto della scrivania.
- ⊃ Comprare un regalo di compleanno.
- ⊃ Ordinare la carta.
- ⊃ Organizzare il colloquio con John.
- ⊃ Spedire via e-mail una foto a Georgina.

Altre volte, invece, si tratta di operazioni più complicate, come per esempio:

- Organizzare una presentazione per dei potenziali clienti.
- Scrivere una relazione sui risultati della campagna marketing della filiale inglese.
- Aprire un nuovo centro di formazione a Londra.

Sarebbe ovviamente impossibile fare una qualsiasi di queste cose in una volta sola. Piuttosto che chiamarli *compiti*, sarebbe quindi meglio definirli *progetti*. Per me **un progetto è un insieme di compiti che portano a un risultato desiderato**. In pratica, i progetti altro non sono che una serie di compiti. È quasi sempre possibile trasformare un compito in progetto suddividendolo in più fasi. Per esempio, il compito "scrivere una relazione" diventa un progetto se lo suddividiamo in "eseguire le ricerche necessarie", "scrivere la bozza", "scrivere l'introduzione", e via dicendo. La decisione di considerare una determinata azione un *compito* oppure un *progetto* si basa su motivi di ordine esclusivamente pratico, ossia se la volete o meno completare in un'unica volta.

Se prendiamo la prima delle due liste precedenti, vedrete che volendo ogni voce potrebbe essere ulteriormente suddivisa. Questa è una tecnica particolarmente utile se avete poco tempo o se provate una certa avversione verso una voce in particolare.

- Cercare il numero dell'assicurazione.
- Investire 10 minuti per riordinare la scrivania.
- Buttar giù qualche idea per un regalo di compleanno.
- Confrontare on-line i prezzi della carta.
- Controllare le date disponibili per il colloquio con John.
- Digitalizzare la foto.

Ugualmente, i progetti della seconda lista possono essere suddivisi nei "primi passi". Di solito il primo passo da compiere per affrontare un progetto è rispondere alla domanda: "Che cosa è necessario fare a questo punto?" Questo in genere darà origine a diversi singoli compiti.

Sia che si stia affrontando un compito di piccole dimensioni oppure la fase attuale di un progetto più esteso è possibile attenersi allo stesso principio di radunare i compiti da svolgere durante la giornata e adempierli il giorno successivo.

A differenza di e-mail e messaggi vocali però i compiti non hanno alcuna consistenza fisica. Finché non vengono eseguiti, restano solo dei concetti. Per dare loro una forma fisica, è quindi necessario scriverli. E il luogo ideale in cui farlo è un'agenda giornaliera. Ogni volta che vi viene assegnato un compito da fare, oppure ne pensate uno, non dovrete far altro che scriverlo nell'agenda in data di domani. Alla fine della giornata, tracciate una riga sotto l'ultima voce dell'elenco. Il giorno dopo avrete pronto un elenco chiuso di compiti da completare in un'unica volta.

E per quanto riguarda i compiti che ritenete così urgenti da dover essere svolti il "giorno stesso"? Abbiamo già ricordato che il modo migliore per prendere le distanze dai compiti è scriverli. Se usate un'agenda giornaliera, scriveteli in data odierna, sotto la riga che avete tracciato alla fine dell'elenco. In questo modo potranno essere espletati, quando possibile, durante la giornata.

L'abitudine di scrivere in agenda i compiti che devono essere svolti durante "il giorno stesso" comporta diversi vantaggi:

1   Il tempo necessario per scriverli fungerà da cuscinetto, impedendovi di affrontarli come se fossero compiti che richiedono una risposta immediata.

2   Al momento di scriverli, sarete costretti a decidere consapevolmente se inserirli in agenda come compiti da svolgere oggi o domani.

3   Dal momento che avete chiuso l'elenco con una riga, qualsiasi voce aggiunta sotto di essa rappresenta un lavoro extra non preventivato. Questo vi scoraggerà dal fare cose non necessarie durante il giorno.

4   A fine giornata potrete scorrere le voci scritte sotto la riga per verificare che sia effettivamente necessario farle il giorno stesso.

5   Il motivo per cui vi capita di avere delle giornate caotiche è quasi sicuramente che avete fatto cose non scritte in agenda. Ogni volta che succede, domandatevi: "Quante cose ho fatto oggi che non avevo scritto?".

Nel capitolo successivo vi spiegherò più dettagliatamente come gestire i progetti. Per il momento è sufficiente dire che ci sono due modi fondamentali di gestire un compito troppo grande per essere svolto in un'unica volta:

1   Trasformarlo in progetto suddividendolo in compiti più piccoli, come già detto.

2   Reiterarlo fino a quando non sarà stato completato.

La reiterazione dei compiti risponde al principio "poco e spesso", e perciò può dimostrarsi una tecnica molto efficace. Per esempio, se vi è stata concessa una settimana di tempo per scrivere una relazione, potreste scrivere "stesura relazione" nella lista dei compiti previsti per l'indomani. L'indomani ci lavorerete su finché ne avrete voglia e metterete nuovamente in agenda lo stesso compito per il giorno successivo.

Questa tecnica risulta particolarmente efficace per gestire il materiale da leggere. Molte persone trovano difficile tenersi al passo con le letture professionali. Leggere libri e riviste specializzate può essere fondamentale per restare aggiornati sugli ultimi sviluppi del settore. Tuttavia, il ritmo della vita è tale che a volte è molto difficile trovare il tempo per farlo. Per esempio, se volete leggere il mensile *Harvard Business Review*, inserite ogni giorno la voce "Leggere *Business Review*" nella lista dei compiti da fare. Dopodiché leggerete solo quel tanto che avrete voglia di leggere. Vi accorgerete che per quando uscirà il nuovo numero della rivista, avrete letto tutto quello che vi interessa del numero attuale. Non lasciatevi tentare dall'idea di saltare uno o più giorni, perché è importante leggere *qualche* pagina ogni giorno.

Un metodo ancora più semplice da applicare al materiale da leggere è quello di rimettere fisicamente la rivista nella vaschetta del lavoro in entrata, piuttosto che appuntarsi di leggerla nella lista dei compiti da fare. Ogni giorno, dopo che avrete finito di leggerla, rimettete la rivista nella Vaschetta A, per l'indomani. Quando uscirà il numero nuovo, mettetelo al posto di quello vecchio e buttate via quest'ultimo.

Test di autovalutazione
Situazioni / Risposte

Come gestireste le situazioni seguenti?

1 Vi arriva un'e-mail con un allegato molto pesante che vi è stato chiesto di leggere e commentare prima della prossima riunione del consiglio consultivo, prevista tra un mese.

⊙ Non è un compito urgente, perciò non è necessario occuparsene lo stesso giorno in cui vi viene assegnato (Giorno 1). La cosa migliore da fare è rispondere all'e-mail di accompagnamento il giorno dopo (Giorno 2), insieme al resto delle e-mail del giorno precedente, stampare l'allegato e metterlo nella Vaschetta A. Il giorno ancora successivo (Giorno 3), comincerete a leggere l'allegato e ad appuntarvi eventuali commenti. Se non lo finirete in un'unica volta, rimettetelo nella Vaschetta B per continuare a lavorarci su il Giorno 4. Ripetete se necessario.

2 Siete appena tornati da un pranzo con un cliente che vi ha dato diverse brochure da studiare; inoltre, avete anche degli appunti presi durante la riunione, in merito alle azioni che avete promesso di intraprendere.

⊙ Svuotate il contenuto della cartellina nella Vaschetta A e lasciatelo lì. Il giorno successivo (Giorno 2), comincerete a leggere le brochure (reiterando l'azione finché non avrete finito) e a estrapolare dai vostri appunti le azioni da scrivere nell'agenda dei compiti per il giorno successivo (Giorno 3). Se necessario, è possibile abbreviare il processo agendo direttamente sulla base dei vostri appunti già il Giorno 2 mentre svuotate la Vaschetta B.

3 È necessario che leggiate il settimanale Widget News per tenervi aggiornati, ma dovete ancora leggere i numeri degli ultimi due mesi.

⊙ Siamo di fronte a un arretrato. Mettete l'ultimo numero della rivista nella Vaschetta A e spostate gli altri dove non potete vederli, oppure gettateli via. Se è davvero necessario rimettervi in pari con i vecchi numeri della rivista, trasformatelo in un'iniziativa separata (vedi Capitolo 10).

4 Dopo aver archiviato alcuni documenti nella vostra cartellina "Politiche e procedure d'ufficio", vi accorgete che è troppo piena e non c'è più spazio per altri documenti.

⊙ Scrivete nell'agenda dei compiti da svolgere, in data di domani, la voce "Riordinare la cartellina Politiche d'ufficio".

5 Un collega vi manda un'e-mail che dice: "Devi assolutamente andare a vedere il sito www.sangiovannis.com; è fantastico".

⊙ Scrivete nell'agenda dei compiti da svolgere, in data di domani, la voce "Andare a vedere www.sangiovannis.com".

6 Il vostro capo vi chiede di organizzare per domani una riunione con un importante cliente, a cui parteciperà anche lui.

⊙ Scrivete nell'agenda dei compiti da svolgere, in data di oggi, sotto la riga finale, la voce "Organizzare la riunione con il cliente". Fatelo appena potete durante il giorno.

7 Quest'anno avete deciso di comprare in anticipo i regali di Natale.

⊙ Chiedetevi: "Che cosa è necessario fare a questo punto?" Scrivete le risposte nell'agenda dei compiti da svolgere, in data di domani.

8 Dovete prendere alcune iniziative importanti che riguardano il lavoro, ma avete le idee troppo confuse.

⊙ Scrivete nell'agenda dei compiti da svolgere, in data di domani, la voce "Pensare ad alcune iniziative di lavoro".

L'agenda dei compiti è in grado di svolgere una funzione molto più importante di quella di semplice riepilogo delle cose da fare il giorno dopo. La esamineremo più dettagliatamente nel prossimo capitolo.

RIASSUNTO DEL *PRINCIPIO MAÑANA*

⊃ Accumulate tutte le attività che vi arrivano da fare durante una giornata di lavoro e svolgetele il giorno dopo.

⊃ Agite raggruppando le azioni di natura simile, per esempio e-mail, messaggi vocali, documenti cartacei, compiti.

⊃ Durante il giorno, raccogliete nella Vaschetta A tutti i documenti cartacei che vi arrivano. Quindi trasferiteli nella Vaschetta B e occupatevene il giorno seguente.

⊃ Scrivete i compiti da svolgere in data di domani in un'agenda giornaliera ("l'agenda dei compiti").

⊃ A fine giornata, tracciate una riga per chiudere l'elenco delle cose da fare l'indomani.

⊃ Nella vostra agenda dei compiti, scrivete quelli da eseguire "il giorno stesso", sotto la riga che avete tracciato alla fine dell'elenco delle cose da fare in data odierna, e occupatevene non appena possibile.

Nessuno assegnerà al vostro lavoro una priorità più alta di quella che crede voi gli attribuiate per primi.

CAPITOLO 9

AGENDA DEI COMPITI

L'AGENDA DEI COMPITI È UNO STRUMENTO MOLTO flessibile, in grado di svolgere un ruolo importante: ci aiuta a tenere le fila del nostro lavoro. In particolare è utile per controllare i compiti che abbiamo delegato ad altri.

La mia agenda dei compiti è una normalissima agenda giornaliera, di quelle che si possono acquistare per pochi soldi in qualsiasi cartoleria. Se cominciate a utilizzarla nella seconda metà dell'anno, troverete anche agende semestrali che cominciano da giugno.

Personalmente uso due agende separate, una per i *compiti* e una per gli *appuntamenti*, perché per gestire questi ultimi preferisco un formato *non* giornaliero. Ma se per voi non è un problema, potete benissimo usare la stessa agenda per entrambe le funzioni. Fate solo attenzione a non mescolare tra loro appuntamenti e compiti.

Dal momento che preferisco scrivere i compiti da eseguire in un'agenda cartacea, descriverò questo sistema, ma se voi preferite il formato elettronico, non c'è assolutamente alcuna ragione per non usarlo. Secondo me l'atto fisico di scrivere — con tutto il suo contorno di cancellature e inchiostri colorati vari — facilita la comprensione dei compiti stessi. Tuttavia, potete adattare quello che dirò alle agende elettroniche, come *task manager* di Outlook. Finora abbiamo visto come usare l'agenda per:

1   Raggruppare i compiti da svolgere il giorno *dopo*.
2   Scrivere tutto quello che deve essere per forza fatto il giorno *stesso*.

Capita spesso però di ricevere del lavoro che non si presta a essere fatto né il giorno stesso né il giorno dopo. Per esempio, dobbiamo telefonare a Tom, ma sappiamo che Tom non sarà in ufficio prima di martedì della settimana prossima. Non avrebbe senso mettere in agenda "Telefonare a Tom" per il giorno dopo. La soluzione più ovvia è quella di scrivere "Telefonare a Tom" nella data di martedì della settimana prossima.

Questo è un esempio di come usare l'agenda dei compiti per mettere in calendario qualcosa da fare in una specifica data futura, o perché la cosa in questione deve essere fatta *proprio* in quella data, o perché non può essere fatta *prima* di quella data.

Perciò, quando ci troveremo a svolgere i compiti che sono stati messi in agenda per un determinato giorno, tra questi ci saranno:

⊃   I compiti che sono stati messi in calendario *per quella data,* un po' di tempo fa.
⊃   I compiti che sono stati accumulati *il giorno prima.*
⊃   I compiti che sono stati scritti sotto la riga di chiusura, in quella stessa data, perché devono essere fatti per forza "in giornata".

La possibilità di mettere in calendario i compiti con un certo anticipo rende questo tipo di agenda uno strumento estremamente flessibile ed efficace. Ecco come la uso io principalmente, ma è probabile che a voi vengano in mente anche altri modi d'uso:

⇨ **Promemoria:** Per ricordarsi di qualcosa che deve essere fatto in una particolare data. Può essere molto utile, per esempio, per ricordarsi di comprare un regalo di compleanno. La maggior parte delle persone segnano in agenda i compleanni dei loro cari, ma pochi si scrivono, un paio di settimane prima, un promemoria che ricordi loro di comprare un regalo e un biglietto di auguri.

⇨ **Gestire il tempo degli altri:** Per quanto possiate essere efficienti nel gestire il vostro tempo, vi scontrerete sempre con la cattiva gestione del tempo da parte degli altri. A questo proposito, vale la pena di ricordare che la maggior parte di coloro che gestiscono male il proprio tempo applica il "Principio di Joe Slobb", ossia *si occupano di tutto quello che attira la loro attenzione in un determinato momento*. Potete sfruttare questo fatto a vostro vantaggio, assicurandovi di essere *voi* ad attirare la loro attenzione. Il modo migliore per farlo è attraverso una sistematica attività di controllo. L'agenda dei compiti facilita questa attività. Ogni volta che chiedete a qualcuno di fare qualcosa, via e-mail, attraverso un messaggio o di persona, assicuratevi di inserire nella vostra agenda dei compiti una nota che vi ricordi di controllare, dopo un paio di giorni, se la tal cosa è stata fatta. Fate lo stesso se qualcuno promette di fare qualcosa per voi. I controlli sono fondamentali, perché non riuscirete mai a far sì che qualcuno assegni al vostro lavoro una priorità più alta di quella che secondo lui gli attribuireste voi per primi.

⇨ **Monitoraggio:** Va bene controllare gli altri, ma la persona che più di tutte dovrete tenere sotto controllo siete voi stessi. Segnate in agenda di controllare regolarmente i vostri progetti per essere sicuri che procedano come previsto. Ricordatevi che *se non vi prenderete cura di un progetto, questo morirà o vi si rivolterà contro.*

⇨ **Pensare:** Vi è mai capitato di avere un'ottima idea, e di non sapere bene che cosa farne? Oppure che qualcuno vi consigliasse di fare qualcosa, senza che riusciste a decidere se ne valesse la pena o meno? O ancora di ricevere una bellissima brochure, ma di essere indecisi sull'acquisto del prodotto pubblicizzato? In tutti questi casi non è certo consigliabile prendere una decisione affrettata. Per cui, è meglio rifletterci ancora un po' su, dopo un paio di settimane, quando si è in grado di vedere le cose sotto una luce diversa. Non dovete far altro che annotare nella vostra agenda dei compiti di riesaminare queste idee dopo l'intervallo di tempo che considerate adeguato.

⇨ **Programmazione:** Se state iniziando ad accumulare degli arretrati, potete affrontarli programmando di sbrigarne un po' ogni giorno, per un certo periodo. In questo modo eliminerete l'enorme carico di attività inevase che incombe sulla vostra giornata, distribuendolo su un periodo di tempo più lungo, e questo dovrebbe farvi sentire meno oberati.

Come potete vedere, l'agenda dei compiti è uno strumento molto semplice ma, al tempo stesso, molto efficace. Molti degli strumenti più efficaci sono anche semplici. Quelli complicati tendono a non essere utilizzati. Ci sono però alcuni compiti che è meglio affrontare senza l'ausilio dell'agenda dei compiti. Si tratta dei compiti da svolgere ogni giorno, oppure diverse volte la settimana, di cui ci occuperemo adesso.

COMPITI QUOTIDIANI

I compiti che abbiamo visto finora sono fondamentalmente compiti *una tantum*. La maggioranza di noi però deve sicuramente far fronte anche ad alcune incombenze quotidiane. Sarebbe irritante e troppo dispendioso in termini di tempo doverle scrivere in agenda ogni giorno; quindi, il modo più facile per gestirle è attraverso un'apposita *lista permanente*.

Alcuni esempi di incombenze da inserire in questa lista sono:

La routine di chiusura dell'ufficio

Quando la sera si smette di lavorare, è utile mettere a punto un'apposita routine per assicurarsi di chiudere tutto correttamente. Questa potrebbe includere compiti come: riordinare la scrivania, fare il back-up dei dati, mettere a posto i vari dossier e controllare i sistemi di sicurezza.

Sbrigare le incombenze quotidiane

Molto spesso è più facile fare un determinato compito su base quotidiana, piuttosto che lasciarlo crescere fino divenire un "lavoro enorme". Per esempio, se vi occupate di contabilità è probabile che dobbiate registrare in media due o tre fatture al giorno. Farlo quotidianamente porta via pochissimo tempo, mentre registrare una pila di 900 fatture a fine anno può essere una prospettiva piuttosto sconfortante. Un altro esempio può essere il problema che molti hanno nel preparare le richieste di rimborso spese mensili o trimestrali. Scrivendo quotidianamente le spese sostenute, scoprirete che basterà un attimo per prepararle, e non diventeranno mai un compito verso cui svilupperete resistenza. Ugualmente, è meglio tenere aggiornato giornalmente qualsiasi tipo di giornale di bordo, o registro quotidiano, ad esempio la distinta delle ore fatturabili.

Attività che vogliamo fare ogni giorno

Sulla base del principio "poco e spesso", potrebbero esserci molte cose che preferiamo fare un po' ogni giorno. Per esempio: leggere, fare esercizio fisico, scrivere e via dicendo.

Rotazione

Alcuni compiti vengono gestiti meglio a rotazione. Questo significa che invece di svolgere l'intero compito tutti i giorni, se ne fa solo *una parte* quotidianamente. Spesso questa tecnica funziona bene su base settimanale. Potreste, ad esempio, mettere a punto una routine di pulizia della casa — il salotto il lunedì, la cucina il martedì, e così via. Oppure potreste applicare lo stesso principio per riordinare i cassetti e gli scaffali del vostro ufficio, per esempio stabilendo la regola di riordinare ogni giorno una cartella diversa.

Naturalmente, l'elenco dei compiti giornalieri non si limita agli esempi che ho dato. Potete modificarlo in base alle vostre esigenze. State solo attenti a non inserire in questo elenco voci che portano via troppo tempo perché, in teoria, il vostro scopo dovrebbe essere quello di esaurire l'elenco *velocemente*. Dovreste considerarlo come un insieme di compiti facili che non vedete l'ora di fare in quanto segnano la fine della giornata lavorativa, piuttosto che come un'enorme pila di cose difficili che incombe su di voi per tutto il giorno.

Test di autovalutazione
Situazioni / Risposte

Come affrontereste le seguenti situazioni?

1   Mentre siete sotto la doccia, vi viene un'idea brillante per un nuovo prodotto. In passato vi è capitato spesso di avere idee sotto la doccia, ma generalmente le avete trascurate e quindi dimenticate.

   ⊙ La cosa importante è *appuntare* l'idea prima di dimenticarla. Potete scriverla in un taccuino o su un pezzo di carta, oppure registrarla utilizzando un apparecchio audio. Ma comunque lo facciate, il vostro scopo è quello di inserirla nell'agenda dei compiti sotto la categoria "Pensare a..."

2   State seguendo tanti progetti contemporaneamente. Essendo molto occupati, non appena avete terminato di fare qualcosa su un progetto, tendete a dimenticarvi del progetto, fino a quando non sarà necessario fare qualcos'altro. Sfortunatamente però questo modo di agire fa sì che spesso vada tutto a rotoli senza che neanche ve ne accorgiate.

   ⊙ È una buona idea mettere in programma nell'agenda dei compiti la regolare *revisione* di tutti quanti i progetti che si stanno seguendo.

3   Tendete a dimenticare il vostro anniversario di matrimonio (o un'altra ricorrenza importante) in quanto non guardate l'agenda fino a inizio giornata, quando è ormai troppo tardi!

   ⊙ Scrivete un *promemoria* in agenda un paio di settimane prima.

4 Avete lasciato un messaggio nella casella vocale di un vostro collega, chiedendo alcune informazioni. Non vi servono prima di un paio di settimane.

⊙ Il fatto che non abbiate bisogno delle informazioni prima di un paio di settimane significa che probabilmente non vi preoccuperete di stare col fiato sul collo del vostro collega fino a quando le informazioni non diventeranno *urgenti*. Ma allora sarà troppo tardi. È meglio scrivere in agenda, dopo un paio di giorni, un *promemoria* che vi ricordi di controllare se le informazioni che vi servono sono arrivate.

5 Nelle ultime settimane siete oberati di lavoro. Oggi avete diverse ore a disposizione per rimettervi in pari, ma le cose da fare sono così tante che non sapete da dove cominciare.

⊙ La maniera più semplice per gestire un carico di arretrati come questo è *programmarli in anticipo* nell'agenda dei compiti. Fate le cose più urgenti oggi, e distribuite il resto su più giorni, o addirittura su più settimane. E non dimenticate di ripromettervi di non sovraccaricarvi più di lavoro in futuro — se non vi ritagliate il tempo necessario per fare ciò che dovete fare, nessun sistema del mondo sarà in grado di fronteggiare la situazione!

6 Volete scrivere una *newsletter* settimanale.

⊙ Inserite "Scrivere la newsletter" nella lista dei compiti quotidiani. È molto più facile scrivere la newsletter se fate un paio di pagine al giorno, che se cercate di farle tutte in una volta sola. Scrivendone *un po' ogni giorno*, arriverete alla fine praticamente senza accorgervene.

È sorprendente quanto sia facile
dimenticare che l'unico modo per far sì che
le cose vengano fatte è farle.

CAPITOLO 10

L'INIZIATIVA CORRENTE

FIN QUI ABBIAMO VISTO COME GESTIRE E-MAIL, messaggi vocali, documenti cartacei, compiti e compiti quotidiani. Escludendo riunioni e altri appuntamenti, queste attività costituiscono il grosso del lavoro che dobbiamo svolgere nel corso della giornata. Tuttavia, si tratta essenzialmente di attività di natura *reattiva*. Se vogliamo che il nostro lavoro avanzi, dobbiamo cercare di essere, almeno in parte, *proattivi*.

È tempo quindi di introdurre il concetto di "iniziativa corrente", una tecnica che, se glielo permetterete, farà fare alla vostra vita e ai vostri affari degli enormi passi in avanti, in un modo che non avreste mai immaginato. Vi permetterà di trasformare in realtà quelle che attualmente vi sembrano solo vane speranze.

Il concetto alla base dell'iniziativa corrente è **cominciare ogni giornata di lavoro dedicandosi a un'attività selezionata.** In questo modo si riesce a farla progredire molto più velocemente di quanto non accadrebbe inserendo le attività che la riguardano nella lista dei compiti.

La mia definizione di *iniziativa corrente* è "**la cosa che fate per prima ogni giorno**". In pratica, quello che fate ogni giorno prima di cominciare a occuparvi di e-mail, messaggi, documenti cartacei, compiti e compiti quotidiani. È uno *spazio prioritario* ideato per essere dato solamente a quelle attività che vengono considerate davvero importanti per il proprio futuro.

Analizziamo meglio la definizione di "cosa che fate per prima ogni giorno". Si compone di tre parti:

1   Fare
2   Prima
3   Ogni giorno

Prendiamole in esame separatamente.

BISOGNA *FARE* QUALCOSA

Sembra una dichiarazione palesemente ovvia, ma è sorprendente quanto sia facile dimenticare che l'unico modo per far sì che le cose vengano fatte è *farle*. Vi farò un esempio. Fra i miei clienti ci sono molti studenti universitari. Spesso si rivolgono a me perché si bloccano durante la stesura della tesi. La prima domanda che di solito gli rivolgo è: "Da quanto tempo *non* lavori alla tua tesi?" Le risposte più comuni sono: qualche settimana, qualche mese o addirittura, in casi estremi, qualche anno. A qual punto, spiego loro che il motivo per cui si sono *bloccati* è che non hanno fatto *niente*, e non viceversa. Li incoraggio quindi a fare *qualcosa*, non importa quanto piccola, per la loro tesi ogni giorno, e di solito questo basta a sbloccarli.

Un altro esempio di attività su cui le persone si bloccano, perché non fanno niente, è la compilazione della denuncia dei redditi. Nel Regno Unito le denunce dei redditi per i lavoratori autonomi devono essere presentate entro il 31 gennaio. Ogni anno molte migliaia di persone spediscono la propria dichiarazione all'ultimo minuto, o addirittura in ritardo di qualche giorno, subendo così un'ammenda automatica che sarebbe del tutto evitabile. Ogni gennaio gli studi dei commercialisti vengono presi d'assalto da clienti disperati che chiedono di avere i conteggi pronti in tempo per presentare la denuncia dei redditi. Perché accade tutto questo? È forse più facile o comodo preparare la denuncia dei redditi a gennaio invece che a settembre dell'anno prima? No, assolutamente no. Semplicemente non sono riusciti a trovare il tempo per fare qualcosa a riguardo.

Io stesso desideravo da una vita veder ballare la grande Sylvie Guillem, ma non c'ero mai riuscito. Poi, all'inizio di quest'anno, mi sono reso conto che se non mi fossi sbrigato sarebbe stato troppo tardi. Così, alla fine, mi sono deciso a *fare* qualcosa; il risultato è stato che quando Sylvie ha ricevuto una *standing ovation* per una delle sue migliori performance nel ruolo di *Manon*, io c'ero.

La strada che porta al successo di più o meno qualsiasi iniziativa è lastricata di un'**attività regolare e focalizzata**. Non posso garantirvi che applicando questa regola avrete successo in tutto quello che fate, ma anche se fallirete per lo meno non vi sentirete in colpa per non averci provato sul serio.

Che cosa è necessario fare ogni giorno per portare avanti un'iniziativa? La risposta è: "Qualcosa". Non è affatto importante quanto si fa in un dato giorno, purché si faccia qualcosa. **Fare qualcosa mantiene viva l'iniziativa. Non fare niente la fa morire.**

È possibile che alcuni giorni facciate tanto e altri poco, ma in entrambi i casi vi sarete dedicati all'iniziativa ogni giorno, facendo qualcosa. Se vi serve un obiettivo di tempo preciso, potete decidere di dedicare all'iniziativa corrente almeno cinque minuti al giorno.

Il 90 per cento delle volte ci lavorerete su per più di cinque minuti — spesso per molto di più. Ma anche se vi ci dedicherete davvero solo per i cinque minuti previsti, non importa. Sarà pur sempre un successo.

Perciò ecco spiegato il primo fattore dell'iniziativa corrente: "La cosa che *fate* per prima ogni giorno".

BISOGNA FARLA PER *PRIMA*

Ho scoperto, molto tempo fa, che se in un determinato giorno voglio davvero andare avanti con un progetto — soprattutto quando si tratta di un progetto impegnativo — è fondamentale che mi dedichi a *questo*, prima di tutto il resto. Devo cominciare a lavorarci su *prima* che qualcos'altro si intrometta. Il tipo di cose che affrontiamo trasformandole in iniziative correnti sono, per loro stessa natura, attività a cui opponiamo resistenza; oppure possono essere attività che posticipiamo da molto tempo; o che ci trascinano fuori dalla nostra zona di comfort.

Prendiamo in considerazione la situazione seguente: dovete scrivere una lunga relazione, ma continuate a rimandarla. Decidete che il giorno seguente vi dedicherete alla sua stesura per tre ore. Il mattino dopo, arrivate in ufficio seriamente intenzionati a lavorare sodo sulla relazione per tre ore. Poi però decidete di bere un caffè prima di cominciare. A quel punto, pensate che sarebbe meglio controllare le e-mail, nel caso ci fosse qualcosa che meriti una risposta veloce. Appena finito, vi viene in mente che forse fareste bene anche a controllare che il vostro capo non abbia urgente bisogno di voi; e anche a parlare con Bill, visto che è tornato dagli Stati Uniti oggi e potrebbe avere degli argomenti importanti di cui discutere. E non dovete dimenticarvi di passare a fare gli auguri a Jane, che oggi compie gli anni. E... Accidenti! Sono già le 16:00.

Ormai non ha più senso mettersi a lavorare alla relazione. Decidete che lo farete sicuramente domani, per tre ore... che poi, guarda caso, è esattamente quello che avevate detto anche ieri.

Che cosa succederebbe, invece, se decideste di lavorare alla relazione per almeno cinque minuti *prima di qualsiasi altra cosa?* Entrereste in ufficio, accendereste il computer, aprireste il file e comincereste a scrivere.

Secondo voi, *chi finirà prima la relazione?*

Ricordate: se non lavorate subito all'iniziativa corrente, prima che qualsiasi altra cosa cominci ad accalcarvisi intorno, incontrerete enormi difficoltà nel portarla avanti. Il rimedio è ritagliarvi il tempo da dedicare all'iniziativa corrente *prima* di avere anche solo guardato tutto il resto. Non preoccupatevi di tutti gli altri compiti da svolgere: ogni cosa a suo tempo.

Questo chiarisce il secondo fattore dell'iniziativa corrente: "La cosa che fate *per prima* ogni giorno".

BISOGNA FARLA *OGNI GIORNO*

Nei capitoli precedenti ho già spiegato abbastanza esaurientemente i vantaggi del principio di fare poco e spesso. Occupandosi di qualcosa ogni giorno, si può essere sicuri che questo qualcosa *progredirà.* Dipende da voi, naturalmente, decidere che cosa si intenda per "ogni giorno". Potrebbe voler dire sette giorni su sette. Ma più probabilmente, nel caso di un'iniziativa che ha a che fare con il lavoro, significherà cinque giorni a settimana. Che voi ci lavoriate sette giorni su sette o cinque giorni su sette *non* ha alcuna importanza, purché ci lavoriate ogni giorno stabilito.

Avrete la certezza di riuscire a farlo solamente *rispettando* le due condizioni precedenti: fare "qualcosa", qualsiasi cosa, e farla "prima" di tutto il resto. È facile commettere l'errore di fissare un obiettivo troppo ambizioso che poi *non* si riuscirà a raggiungere perché *spaventoso*. Ripensate all'esempio delle tre ore di lavoro alla relazione. Dal momento che tre ore sono un arco di tempo piuttosto scoraggiante, è fin troppo facile procrastinare per tutto il giorno. Al contrario, se si stabilisce di dedicarsi a un determinato compito per almeno cinque minuti, allora sarà molto più facile farlo, soprattutto all'inizio della giornata, e farlo costantemente ogni giorno.

È facile trovare una scusa per non fare un lavoro di un'ora. *Ma che scusa volete trovare per non fare un lavoro di cinque minuti?*

Ovviamente, ci saranno dei giorni in cui sarete assenti per l'intera giornata e quindi sarà realmente impossibile lavorare all'iniziativa corrente. Non importa, perché il vostro impegno è lavorarci su ogni giorno *disponibile*. È essenziale però stabilire in anticipo i giorni in cui non potrete farlo. Non è buona cosa decidere di non avere tempo per lavorare all'iniziativa corrente a giornata già iniziata. La mente infatti lo registrerebbe come un fallimento. Cosa che invece non accadrà se vi darete l'autorizzazione in anticipo a non occuparvene in un particolare giorno.

☞ **Ricordate: per la mente fallimento chiama fallimento e successo chiama successo.**
Se volete riuscire a raggiungere un grande traguardo *finale*, il segreto è raggiungere tanti piccoli traguardi *intermedi*.

Lavorando ogni giorno, senza eccezioni, all'iniziativa corrente, riuscirete a portarla avanti qualunque essa sia. Il fatto di farla ogni giorno è molto più importante del fatto di dedicarle molto tempo. Perciò non vi consiglio di stabilire un obbiettivo di tempo specifico per lavorare all'iniziativa corrente. Lavorateci su finché ne avete voglia; vedrete che alcuni giorni farete molto e altri molto poco — ma in generale avanzerete più velocemente di quanto credete.

Questo è il terzo fattore dell'iniziativa corrente: "La cosa che fate per prima *ogni giorno*".

Situazioni / Risposte

Quale sarebbe il **miglior obiettivo quotidiano** da prefissarsi in queste situazioni?

1 Volete correre 5 Km ogni mattina, prima di andare al lavoro, senza saltare mai una volta.

   ⊙ Ricordate che se volete fare qualcosa ogni giorno, la cosa peggiore che possiate fare è fissare un obiettivo troppo ambizioso. Altrimenti, prima o poi, arriverà il giorno in cui il pensiero di fare quella determinata cosa vi sembrerà insostenibile. Nella fattispecie, se vi prefissate di correre per 5 Km ogni mattina, arriverà inevitabilmente il giorno in cui pioverà talmente forte che niente e nessuno vi convincerà a uscire dal letto per affrontare simili intemperie. Anche ammesso che vi costringiate ad andare a correre lo stesso, ma facciate solo 3 Km al posto di 5, avrete comunque fallito. Vi consiglio di porvi come obiettivo quello di uscire dalla porta di casa con indosso la tuta da jogging. Una volta che sarete riusciti a fare questo, probabilmente andrete anche a correre. Ci potranno essere dei giorni in cui farete solamente il giro della casa e rientrerete dalla porta posteriore, ma anche in questo caso avrete segnato un successo.

2 Volete studiare francese per almeno un'ora al giorno.

⊙ L'idea di studiare francese per un'ora intera potrebbe sembrarvi troppo pesante in alcuni giorni. Perciò il vostro obiettivo dovrebbe essere di fare *un po'* di francese, preferibilmente a un'ora precisa della sera. Che studiate poco o tanto, la vostra mente lo registrerà come un successo, purché abbiate fatto *qualcosa*.

3 Volete telefonare a cinque nuovi contatti ogni giorno.

⊙ Telefonare a nuovi contatti è un'attività verso cui la maggior parte delle persone sviluppa una forte resistenza, tanto che qualsiasi scusa è buona per non farla. Vi suggerisco di porvi come obiettivo quello di identificare ogni giorno i nomi di cinque contatti da chiamare e di scriverli su un foglio con accanto il relativo numero. Ricordate: è la vostra mente primitiva a opporre resistenza. La vostra mente razionale è sempre intenzionata a chiamare i clienti, perciò una volta scritta la lista, vi accorgerete che vi verrà naturale alzare il telefono e comporre i numeri.

Forse vi starete domandando quante iniziative correnti si possano portare avanti contemporaneamente. Beh, vi risponderò con una domanda: "Quante cose si possono fare *prima* di tutto il resto?". La risposta corretta è: "Una sola". *Affinché il concetto di iniziativa corrente sia efficace, è possibile portare avanti un'unica iniziativa alla volta.* Ma non preoccupatevi: dedicarvi alle iniziative una alla volta non vi rallenterà — anzi le finirete molto più velocemente.

Un'altra domanda che forse vorreste pormi è: "Per quanto tempo un'attività dovrebbe essere considerata iniziativa corrente?". La risposta è: "Finché non sarà giunta a compimento". Sta a voi definire il concetto di "compimento" — e dovrete farlo prima di iniziare a occuparvi dell'iniziativa.

Ci torneremo più dettagliatamente in seguito, ma vediamo velocemente quale tipo di attività è più adatto a diventare l'iniziativa corrente. Naturalmente, siete liberi di riempire questo spazio con tutto quello che volete, ma per esperienza ritengo che le seguenti siano le tre aree di lavoro in cui possa essere sfruttata al meglio:

1   Smaltire gli arretrati.
2   Correggere eventuali difetti nei sistemi.
3   Organizzare e avviare un progetto.

Esaminiamole una alla volta.

SMALTIRE GLI ARRETRATI

Se avete un sacco di lavoro arretrato, vi consiglio di smaltirlo trasformandolo il prima possibile nella vostra iniziativa corrente. Questo perché gli arretrati rappresentano un vero spreco di energie. Un grosso arretrato di lavoro comprometterà qualsiasi cosa facciate. Inoltre, la sua eliminazione vi procurerà un senso di liberazione e un'energia tali che vale assolutamente la pena renderlo una vostra priorità.

Smaltire il lavoro arretrato è un'attività perfetta per diventare l'iniziativa corrente. Occupandovene come prima cosa ogni giorno, riuscirete a ridurlo di molto e in pochissimo tempo. Sempre che, ovviamente, l'abbiate "chiuso" in modo corretto.

Ogni volta che mi accorgo di essere rimasto indietro, sono tentato di tirare avanti cercando di rimettermi in pari. Questo, di solito, finisce per peggiorare la situazione. Ormai ho imparato che è molto meglio "dichiarare un arretrato" ed eliminare dalla vista tutto il materiale su cui sono rimasto indietro, per poterlo gestire sotto forma di progetto separato. Quindi ricomincio da zero con il nuovo lavoro in arrivo. In questo modo mi rimetto alla pari *istantaneamente*. Naturalmente, non devo dimenticare di capire perché innanzitutto sono rimasto indietro; altrimenti continuerò ad accumulare arretrati.

Il mio consiglio perciò è che prima di tutto l'iniziativa corrente venga utilizzata per smaltire eventuali arretrati in sospeso. Questo vi permetterà di indirizzare le energie sul resto del vostro lavoro. Smaltire gli arretrati regala la stessa sensazione di quando si riescono a saldare i debiti. Improvvisamente vi ritrovate di nuovo al *top* a occuparvi esclusivamente dei lavori attualmente in corso. Il senso di libertà è quasi tangibile.

CORREGGERE I SISTEMI DIFETTOSI

Dopo esservi liberati degli arretrati, la prossima attività da prendere in considerazione come iniziativa corrente è la correzione di eventuali sistemi difettosi che sono di intralcio al vostro lavoro. I sistemi che avete in dotazione dovrebbero servire a supportare la vostra attività, ma se non funzionano, si trasformano invece in un freno per la vostra efficienza. È abbastanza facile capire quando un sistema è difettoso. Vi troverete infatti a pronunciare frasi del tipo "non so *mai* dove mettere questi documenti" oppure "si perdono *sempre*". Le parole chiave sono *mai* e *sempre*. Se le cose vanno male su base continuativa, state sicuri che ciò dipende da un malfunzionamento di sistema.

Il grado di difficoltà richiesto per riparare un sistema varia enormemente a seconda dei casi. A volte basta solo di un po' di attenzione per rimettere a posto le cose.

Per esempio:

D. *Perché i documenti cartacei si sparpagliano continuamente in giro per la casa e l'ufficio?*

R. Perché non ho un punto di raccolta centralizzato in cui poter riunire i documenti cartacei in arrivo.

È possibile, invece, che altri sistemi richiedano un notevole investimento di tempo, energia e denaro per essere corretti. Un investimento che comunque vale quasi sempre la pena fare. Quando si avvia una piccola attività, il limite principale, di solito, è dato dal numero di clienti che si è in grado di *conquistare*. Una volta che l'attività comincia ad avere successo, il limite principale diventa il numero di clienti che si è in grado di *gestire*. Questo numero dipende in larga misura dall'efficienza dei sistemi. Una piccola impresa che, in questa fase di crescita, non affronti seriamente la questione dei sistemi, probabilmente si troverà presto in guai seri.

☞ **Infatti, il momento giusto per allestire un sistema efficace è, ovviamente, prima che diventi una necessità.**

Tuttavia, nessuno di noi è così perfetto da riuscire a prevedere tutto, perciò è necessario tenere gli occhi costantemente aperti per identificare quello che non va nella nostra attività. Quando vi accorgete che un sistema funziona male, mettetelo in lista per trasformarlo in iniziativa corrente, a meno che non basti così poco per sistemarlo da poterlo fare in un'unica volta. Vedrete che il tempo speso per correggere i sistemi mal funzionanti sarà ripagato molte volte.

FAR PARTIRE E FAR PROGREDIRE I PROGETTI

L'iniziativa corrente *non* va confusa con i progetti. La maggior parte dei progetti possono essere gestiti benissimo senza che siano trasformati in iniziativa corrente. In uno dei prossimi capitoli, ci concentreremo sulla gestione dei progetti dal punto di vista del time management.

Tuttavia, a volte, per far partire e far progredire un progetto è necessario concentrarsi su di esso per un certo periodo di tempo. Questo è particolarmente vero quando si cerca di avviare qualcosa di nuovo.

Personalmente ho trasformato in iniziativa corrente progetti quali: allestire, gestire e successivamente rinnovare il mio sito web; far decollare un programma primaverile di seminari; trovare l'idea per una proposta editoriale; compilare la denuncia dei redditi; scrivere il nuovo statuto per un comitato di volontariato e introdurre un nuovo sistema di addebito per i miei clienti.

☞ **Senza la tecnica dell'iniziativa corrente, avrei probabilmente continuato a pensare per secoli ad alcune di queste cose, senza mai farne nessuna.**

Esiste un'unica tipologia di progetti che non si prestano a essere trasformati nell'iniziativa corrente: i progetti composti da azioni che si ripetono per un lungo periodo di tempo. Tra questi, per esempio: studiare una lingua straniera, scrivere un libro, fare esercizio fisico, esercitarsi con uno strumento musicale, preparare un esame, e via dicendo.

Descriverò il modo migliore per gestire questo tipo di progetti nel Capitolo 14.

Test di autovalutazione
Situazioni / Risposte

Quali delle seguenti situazioni si prestano a poter diventare *l'iniziativa corrente*?

1   È gennaio. Il vostro capo vi dice che quest'anno vuole organizzare un ballo estivo per i clienti più importanti della ditta. Sarà un evento sontuoso a cui saranno invitati, oltre che i clienti, anche i pezzi grossi locali.

   ✔ Far partire questo progetto richiederà un certo sforzo da parte vostra. Potete trasformarlo nell'iniziativa corrente per pianificarlo, costituire il comitato esecutivo, decidere la sede dell'evento, negoziare il budget, fare la lista degli inviati e via dicendo. Una volta che questa fase iniziale sarà stata completata, il progetto genererà altro lavoro, ma questo potrà essere gestito su base continuativa, usando la lista dei compiti. Con l'avvicinarsi della data prevista per il ballo, potrebbe essere necessario trasformarlo nuovamente nell'iniziativa corrente per farlo progredire ulteriormente.

2   L'anno prossimo andrete in vacanza in Francia, e quindi decidete che sarebbe utile migliorare il vostro francese parlato, che attualmente è alquanto penoso.

   ✘ Imparare una lingua straniera è un *progetto ripetitivo*, non adatto a diventare l'iniziativa corrente. Potete trovare dei suggerimenti su come gestirlo, nel Capitolo 14.

3 Avete una piccola attività indipendente. Vi trovate a dire: "Dovrei davvero fare qualcosa per aumentare il numero di clienti, ma a quanto pare non riesco mai a trovare il tempo".

✔ L'avvio di un piano di marketing/vendite è materiale ottimo per diventare l'iniziativa corrente.

4 Avete appena lanciato una nuova linea di prodotti, e un nuovo cliente vi fa un ordine importante.

✘ Avreste già dovuto aver allestito tutti i sistemi necessari per affrontare questa situazione prima del lancio del prodotto. Perciò, arrivati a questo punto, non si presta più a diventare l'iniziativa corrente, a meno che non riteniate che i vostri sistemi siano gravemente carenti.

5 Siete molto indietro nella progettazione del nuovo catalogo.

✔ Esattamente il tipo di cosa a cui è destinato lo spazio dell'iniziativa corrente.

6 Avete appena sprecato mezza giornata a cercare degli appunti che avevate preso due mesi fa durante la riunione con un cliente.

✘ Questo è un malfunzionamento di sistema. Vi serve un'iniziativa corrente finalizzata a correggere il vostro sistema di archiviazione, in modo tale che faciliti il ritrovamento dei documenti. (Non è il cercare gli appunti che deve diventare l'iniziativa corrente, ma il mettere apposto il sistema di archiviazione.)

ESEMPIO DI UNA MIA INIZIATIVA CORRENTE

Avevo deciso di tenere qualche altro seminario senza però riuscire a decidermi sul come e quando. Così ho trasformato la loro organizzazione nell'iniziativa corrente.

➤ **Giorno 1:** Ho spedito un'e-mail alla segretaria addetta alle prenotazioni della sala dove in genere tengo i seminari, chiedendo quali date fossero libere nei mesi di dicembre e gennaio. Ho ricevuto la risposta in giornata.

➤ **Giorno 2:** Le date di dicembre non andavano bene per me, così ho deciso per due date in gennaio. Ho spedito un'e-mail per prenotare la sala.

➤ **Giorno 3:** Ho stabilito il prezzo, la tempistica e tutti gli altri dettagli dei seminari. Ho annunciato le date previste scrivendole nella newsletter che sarebbe stata pubblicata da lì a due giorni.

➤ **Giorno 4:** Ho pubblicato i dettagli dei seminari sul sito Internet.

A questo punto, i seminari sono stati "organizzati e avviati". Ora cominceranno ad arrivare le prenotazioni, ma saranno gestite come lavoro ordinario. Posso passare a una nuova iniziativa corrente.

Ci sarà, ovviamente, molto altro da fare per i seminari, ma questo potrà essere gestito come lavoro ordinario. In prossimità dei seminari, forse sarà necessario trasformare nuovamente in iniziativa corrente, per un breve periodo di tempo, la loro progettazione dettagliata.

*Ogni giorno il nostro obiettivo è espletare
tutte le voci della lista.*

CAPITOLO 11

DA FARE
VS.
LO FARÒ

A QUESTO PUNTO, FERMIAMOCI PER UN ATTIMO E consideriamo attentamente le differenze tra quello di cui abbiamo parlato finora e la tradizionale lista delle cose da fare.

La maggior parte di noi ha sperimentato di persona i problemi causati da questo genere di lista. Questa lista tende a crescere più velocemente di quanto si riesca a farla *decrescere*; ossia si aggiungono più voci di quanto se ne riescano a cancellare. Capita sempre che molte di queste voci vengano posticipate di giorno in giorno senza mai essere espletate. Molto spesso si tratta proprio delle voci più difficili e impegnative. Con ogni probabilità esattamente quelle che mandano avanti la propria attività o il proprio lavoro.

La lista delle cose da fare è un ottimo esempio per riuscire a capire quanto sia difficile lavorare con un elenco che, in realtà, è un "mondo aperto".

La lista delle cose da fare è una lista aperta di cose che *potremmo* fare durante il giorno. Ma quello che ci serve veramente è una lista chiusa di cose che *faremo* durante il giorno. Il nostro obiettivo di ogni giorno è di completare tutte le voci della lista. Per riuscirci, dobbiamo ovviamente considerare con molta attenzione che cosa di preciso sia necessario fare e quanto tempo abbiamo per farlo. Non dovremmo permettere a noi stessi di fare niente che non sia stato scritto nella lista, a meno che non ci sia un motivo davvero valido per fare la tal cosa proprio quel giorno.

Chiamerò questo tipo di lista la *"lista delle cose che farò"* per distinguerla dalla "lista delle cose da fare". La differenza più importante fra i due tipi di lista è che la "lista delle cose che farò" è un *universo chiuso*. Una volta che abbiamo deciso che cosa faremo durante il giorno, non dobbiamo aggiungere altro — almeno non prima di aver completato tutto quello che è già presente nella lista. Sulla base di quanto abbiamo imparato sulle liste chiuse, dovremmo essere in grado di arrivare a completarle in modo molto più rapido rispetto alle classiche liste delle cose da fare.

LISTA COSE CHE FARÒ	LISTA COSE DA FARE
Lista chiusa	Lista aperta
Lista dei compiti che eseguirò durante il giorno	Lista dei compiti fra cui sceglierò quali eseguire durante il giorno
Obiettivi da realizzare su base quotidiana	Non viene completata su base quotidiana
Composta da sotto-liste chiuse	Composta da singole voci non correlate fra loro
Vietato aggiungere voci in assenza di un buon motivo	Nuove voci vengono aggiunte in continuazione
Contiene solo voci attuali	Contiene voci accumulatesi nel tempo
Le voci simili vengono raggruppate insieme	Le voci sono inserite in ordine casuale
Efficiente	Non efficiente

La "lista della cose che farò" ha una struttura semplice: si compone delle liste chiuse di cui abbiamo già discusso:

1   Iniziativa corrente
2   E-mail
3   Messaggi vocali
4   Documenti cartacei
5   Compiti una tantum
6   Compiti quotidiani

Esaminiamo com'è possibile mettere in pratica tutto questo.

Ecco di seguito una versione abbreviata ed editata della mia lista per oggi. I numeri tra parentesi indicano a quale delle precedenti categorie appartiene ogni singola voce.

- Riordinare gli scaffali (1)
- E-mail (di ieri) (2)
- Messaggi vocali (di ieri) (3)
- Documenti cartacei (di ieri) (4)
- Scrivere l'annuncio pubblicitario per il seminario (5)
- Pubblicare i dettagli dei seminari sul sito (5)
- Organizzare gli appuntamenti per domani (5)
- Decidere se tenere alcune tele-lezioni in dicembre (5)
- Comprare un regalo di compleanno per N (5)
- Creare un profilo su Amazon (5)
- Aggiornare le notizie nel mio sito (5)
- Trovare il libro dei visitatori (5)
- Ottenere il visto per il viaggio in Nuova Zelanda (5)
- Pagare i biglietti (5)
- Scrivere il verbale dell'assemblea del comitato (5)
- Scrivere la newsletter (6)
- Fare il back-up del computer (6)
- Abbonamenti (6)
- Riordinare la scrivania (6)
- Riordinare il pavimento (6)
- Statistiche Web (6)
- Lista per il giorno dopo (6)

In pratica, tengo nel computer una lista modello, che poi completo ogni giorno.

Questa lista contiene i titoli principali più i compiti quotidiani (visto che questi sono sempre gli stessi, ogni giorno). Gli altri compiti sono quelli messi in agenda per quel giorno. La lista che di fatto stampo quotidianamente assomiglia alla seguente:

LISTA DELLE COSE CHE FARÒ

- ✗ Iniziativa corrente
- ✗ E-mail
- ✗ Messaggi vocali
- ✗ Documenti cartacei
- ✗ Agenda dei compiti
- ✗ Scrivere la newsletter
- ✗ Fare il back-up
- ✗ Abbonamenti
- ✗ Riordinare la scrivania
- ✗ Riordinare il pavimento
- ✗ Statistiche Web
- ✗ Lista per il giorno dopo

Le voci inserite nella mia agenda dei compiti per questo particolare giorno sono più o meno queste:

- Scrivere l'annuncio pubblicitario per i seminari
- Pubblicare sul sito i dettagli dei seminari
- Organizzare gli appuntamenti per domani
- Decidere se tenere delle tele-lezioni in dicembre
- Comprare il regalo di compleanno per N
- Creare un profilo su Amazon
- Aggiornare le notizie sul sito
- Trovare il libro dei visitatori
- Ottenere il visto per il viaggio in Nuova Zelanda
- Pagare i biglietti
- Scrivere il verbale dell'assemblea del comitato

La lista delle cose che farò è formata soprattutto da voci (e-mail, documenti cartacei, compiti, eccetera) che si sono accumulate nel corso della giornata precedente. Perciò rappresenta una giornata di lavoro in arrivo. Questo significa che è sia realistico sia necessario completare tutte queste voci entro la fine della giornata. La lista può essere svolta in qualsiasi ordine, a condizione di cominciare sempre dall'iniziativa corrente e di finire sempre con la stesura della lista per il giorno dopo. In pratica, trovo sia meglio occuparmi delle voci principali nell'ordine mostrato, ma di solito svolgo i compiti delle sotto-liste chiuse in base al loro grado di facilità.

Che cosa succede quando so già che domani non sarò in grado di completare la "lista delle cose che farò" perché non ne avrò il tempo? Per esempio, nel caso in cui abbia un giorno eccezionalmente pieno di riunioni o viaggi?

La risposta è: stilo la lista come sempre e faccio quello che riesco. Il resto lo rimando al giorno dopo. In questo modo dovrò posticipare solo le voci che non sono riuscito a fare. Se aggiungerle ai compiti del giorno successivo dovesse rendere la lista troppo lunga, potrei anche decidere di distribuire in parte le meno urgenti su più giorni, invece di metterle in agenda tutte in un unico giorno.

Dal momento che la prima voce della mia lista delle cose che farò è l'iniziativa corrente, il mio scopo sarà occuparmene anche se ho solo cinque minuti a disposizione. Potrebbe sembrare insignificante, ma è sorprendente la spinta che mi dà tener fede all'obiettivo di fare qualcosa per l'iniziativa ogni giorno, anche quando ho poco tempo.

Per quanto riguarda le voci che hanno a che fare con le comunicazioni (e-mail, messaggi vocali e documenti cartacei), le sbrigo in gruppi di due giorni invece che uno. Sorprendentemente, questo di solito non mi porta via molto più tempo.

Per quanto riguarda i compiti quotidiani, continuo semplicemente a prenderne. Non ha senso cercare di mettersi in pari con il giorno perso.

Questo tipo di recupero funziona senza causare problemi a patto di non dimenticare che lo scopo è completare la lista ogni singolo giorno. Se mi accorgo di non riuscirci in una giornata media, devo fare qualcosa a riguardo. Altrimenti, non sarei più in grado di lavorare utilizzando le liste chiuse. Mi ritroverei di fatto in presenza di un elenco aperto, con tutti i problemi che ciò comporta.

Quando, per una qualsiasi ragione, devo assentarmi dalla mia sede di lavoro, faccio sempre in modo di lasciarmi abbastanza tempo nei giorni successivi al mio rientro per rimettermi in pari. È fondamentale. Tengo sempre bene a mente infatti che se mi sovraccarico non sarò mai in grado di tenere il passo con il lavoro non programmato.

Ma che cosa posso fare se mi rendo effettivamente conto di rimanere indietro con il lavoro? Nel Capitolo 4 abbiamo già esaminato a grandi linee la procedura di diagnosi. Nel prossimo, la esamineremo più in dettaglio.

Test di autovalutazione
Situazioni / Risposte

In che modo inserireste le seguenti voci nella vostra "lista delle cose che farò"?

1   Tornate da una vacanza e scoprite di avere la casella di posta elettronica piena di migliaia di e-mail, un sacco di messaggi telefonici e una vaschetta del lavoro in arrivo stracolma di corrispondenza ancora da aprire.

⊙ Il modo migliore per gestire il lavoro arretrato accumulatosi durante le vacanze è trasformalo nell'iniziativa corrente. Decidete di farlo ancora prima di andare in vacanza. Questo significa che la prima cosa che farete appena tornati in ufficio sarà occuparvi di smaltire l'arretrato.

2   Siete soliti dimenticarvi di controllare di aver chiuso a chiave l'archivio prima di lasciare l'ufficio.

⊙ Trasformatela ogni giorno nell'ultima voce dell'agenda dei compiti.

3   Arriva un'e-mail con un lunghissimo allegato che dovete leggere e commentare nel giro di qualche giorno.

⊙ Stampate l'allegato e tenetelo nella vaschetta del lavoro in arrivo finché non avrete finito di occuparvene.

4   La scuola di vostra figlia vi chiama chiedendovi di andare a prendere la bambina perché si sente male.

⊙ Questa è una vera emergenza. Tutto quello che dovete fare è affrontarla. Non è necessario inserirla nella "lista delle cose che farò".

5   Nel week-end avete partecipato a un corso di aggiornamento e ritornate carichi di idee che volete mettere in pratica nel vostro lavoro.

⊙ Inserite nella vostra agenda dei compiti la voce: "Elenco delle cose da fare dopo il corso di formazione del week-end". Se siete furbi, avrete inserito la voce nell'agenda ancora *prima* di andare al corso, perciò sarà già nella lista dei compiti di lunedì.

6   Vi è venuta un'idea brillante per un nuovo prodotto, ma non sapete che cosa farne.

⊙ Scrivete nell'agenda dei compiti, a distanza di un paio di settimane, di esaminare nuovamente l'idea.

7   Il vostro capo vi dice: "Hai presente la relazione che ti avevo chiesto per la settimana prossima? Beh, c'è stato un cambiamento di programma e ne ho bisogno entro oggi".

⊙ Scrivete nell'agenda dei compiti le cose che dovete fare in data odierna, sotto la riga (ossia sotto tutte le altre voci), e svolgetele in modo appropriato. (Ricordate che tutte le voci "in giornata" vanno scritte sotto la riga.)

8   Durante la pausa pranzo leggete sul giornale una recensione molto positiva su una nuova opera teatrale. Decidete che vi piacerebbe andare a vederla.

⊙ Scrivete nell'agenda dei compiti di domani che dovete prenotare un posto a teatro.

Se siete fra coloro che sostengono di lavorare meglio quando sono sotto pressione, probabilmente soffrite di scarsa efficienza lavorativa.

CAPITOLO 12

COMPLETARE IL LAVORO QUOTIDIANO

NEL CORSO DI TUTTO IL LIBRO, HO SOTTOLINEATO l'importanza di arrivare a fare "tutto". Tuttavia, non arriveremo mai a fare tutto, se prima non definiamo chiaramente che cosa sia questo *tutto*; e non arriveremo a fare tutto neppure nel caso in cui non ci accerteremo, ogni singolo giorno, di aver lavorato *fino* ad aver *finito*.

Come abbiamo visto, con i metodi tradizionali di gestione temporale è praticamente impossibile capire che cosa voglia dire *tutto* nel contesto di una giornata lavorativa; visto che tali metodi non ci danno una definizione di *tutto*. Di conseguenza, non abbiamo modo di capire se abbiamo fatto "tutto" o meno. Se non siamo in grado di capire se abbiamo fatto effettivamente "tutto" (visto che non c'è una fine, non possiamo capire quando avremo finito), allora è impossibile lavorare *fino* ad aver *finito*.

Tutto questo rende difficile identificare quale sia il problema quando ci accorgiamo di essere rimasti indietro. Dal momento che i metodi tradizionali di gestione temporale non ci offrono alcuna misura oggettiva, dobbiamo basarci solo sulle nostre sensazioni per capire se stiamo rimanendo indietro oppure no. Non avendo una scala di misurazione, possiamo credere di esserlo rimasti semplicemente perché ci sentiamo sempre di corsa, sotto pressione, in affanno e stressati.

Invece, i metodi descritti in *Do It Tomorrow* hanno lo scopo di mettervi in condizione di smaltire, su base quotidiana, una giornata di lavoro in entrata. La regola base prevede che ogni giorno noi accumuliamo il lavoro che ci arriva nel corso della giornata per svolgerlo il giorno successivo. A questo si aggiungono eventuali azioni urgenti che devono essere intraprese il giorno stesso. Perciò una singola giornata lavorativa è composta dal lavoro che ci è arrivato in entrambi i giorni o da quello che ci è arrivato il giorno prima. Questa è una misura assolutamente oggettiva di che cosa sia questo *tutto*. Sappiamo di essere al passo se abbiamo finito il lavoro del giorno in corso e non abbiamo arretrati. Ogni tanto, può capitare di rimanere indietro di un giorno o due di lavoro, ma dovrebbe essere possibile rimettersi in pari velocemente. Se invece non si riesce a tenere il ritmo, vuol dire che c'è qualcosa non va. Grazie al questo modo di organizzare il lavoro, siamo quindi in grado di capire con precisione di quanto siamo rimasti indietro.

La mia regola è che se non mi sono rimesso completamente in pari nel giro di tre giorni al massimo, allora inizio una procedura diagnostica. Questa procedura è facile, ma le misure correttive che ne risultano potrebbero non esserlo. Come abbiamo già visto nel Capitolo 4, le possibili cause dell'accumulo di arretrati sono solo tre:

1   Inefficienza lavorativa
2   Troppi impegni
3   Troppo poco tempo

Sempre in quel capitolo abbiamo esaminato le conseguenze di ognuna di queste cause. Ora vorrei esaminare più in dettaglio che cosa possiamo fare per rimediare a una o più di queste situazioni.

INEFFICIENZA LAVORATIVA

L'inefficienza riguarda la nostra velocità lavorativa di base. In breve, siete in grado di svolgere il lavoro con la stessa velocità con cui questo vi arriva? È impossibile lavorare in maniera efficiente quando si lavora senza un piano e un obiettivo ben precisi, distratti da continue interruzioni, senza il senso dello scopo e costantemente sommersi da arretrati di lavoro. In queste condizioni, la capacità lavorativa è per forza di cose molto scarsa. Le persone che hanno una scarsa capacità lavorativa spesso si sentono stimolate ad agire soltanto grazie allo stress prodotto da scadenze incombenti e clienti arrabbiati. Se siete tra coloro che sostengono di lavorare meglio quando sono sotto stress, probabilmente soffrite di scarsa capacità lavorativa. Chi ne soffre tende, di solito, a rimanere molto indietro con il lavoro quando un numero ridotto di impegni fa venire meno l'*effetto motivante* della pressione del tempo.

↺ Rimedio

Il rimedio è usare le tecniche e i metodi illustrati in questo libro. Lavorate usando le liste chiuse e raggruppando le azioni simili tra loro. Questo vi aiuterà a concentrarvi e a ridurre le distrazioni. La cosa che dovete tenere d'occhio, in particolare, è di fare il minor numero possibile di azioni che non sono in elenco per un dato giorno.

Domandatevi sempre: "Quante delle azioni che ho fatto oggi *non* erano scritte nella mia lista?". Ricordate che lavorare in questo modo è un'abilità, e come ogni abilità necessita di un po' di pratica.

TROPPI IMPEGNI

Ovviamente, è importante arrivare a lavorare al massimo della propria efficienza. Ma a questa c'è un limite. È mia opinione che le tecniche spiegate in questo libro rappresentino quanto di meglio sia mai stato studiato per aumentare l'efficienza di una persona, ma neppure queste possono aiutarvi a tentare l'impossibile, una volta che avrete raggiunto il vostro limite massimo.

C'è la tendenza a pensare che se si hanno troppe cose da fare, si possa risolvere il problema assegnando un "ordine di priorità" ai compiti da svolgere. Invece, lasciatemelo dire in modo molto spassionato: *non si può*! Tutto ciò che si ottiene, così facendo, è la certezza che una parte del lavoro non venga mai completata. Se avete troppi impegni, il problema non sta nelle vostre priorità, ma nel fatto stesso di avere troppe cose da fare. Con il giusto numero di impegni, l'ordine di priorità diventa irrilevante. Li completerete tutti, quindi non ha importanza quali farete per primi.

↻ *Rimedio*

Se avete troppo lavoro, significa che vi siete presi troppi impegni. Quindi dovrete intervenire su questi. Farlo può essere un processo difficile, che richiede decisioni dure e trattative spiacevoli. Ma non c'è alternativa: se avete troppo lavoro, non riuscirete a portarlo a termine — è evidente!

Ricordatevi sempre che è fondamentale concentrarsi sul lavoro vero, ossia sulle cose che fanno avanzare la vostra attività o il vostro business. Concentratevi inoltre sul lavoro che solo voi potete fare.

E continuate a porvi domande difficili come: "Ma devo proprio farlo?" "Qual è veramente il mio lavoro?".

POCO TEMPO

È sorprendente quante persone si sovraccarichino di impegni per poi rendersi conto di non riuscire a far fronte a tutto il lavoro che questi comportano. Nel caso delle riunioni, per esempio, bisogna tenere conto non solo del tempo dalla riunione stessa ma anche, ovviamente, del tempo necessario per la preparazione e per gli spostamenti. E soprattutto del fatto che le riunioni tendono a generare lavoro. A volte si tratta di lavoro essenziale che è importante fare. Purtroppo durante le riunioni è estremamente facile accettare impegni sull'onda del momento — impegni che non avreste mai accettato se aveste avuto la possibilità di valutarli a sufficienza.

☽ *Rimedio*

La persone tendono a sovraccaricarsi di impegni perché, guardando le pagine bianche della propria agenda per le date previste, pensano di essere libere. Ma non è così — quelle pagine sono già piene di tutti quegli impegni che non vengono scritti in agenda, ma che devono comunque essere svolti. Ricordatevene quando accettate di partecipare a una riunione o a un appuntamento. È una buona idea stabilire la regola di lasciarsi settimanalmente una certa quantità minima di tempo libero.

I metodi che vi propongo vi daranno un'idea piuttosto precisa di quanto ci vuole per sbrigare il vostro lavoro in entrata. Assicuratevi di ritagliarvi ogni settimana il tempo sufficiente per svolgerlo. Se vi capita di dovervi assentare per un lungo periodo di tempo, non prendete appuntamenti per i giorni immediatamente successivi al vostro rientro.

Non programmate riunioni, a meno che non siate sicuri che ci sia una buona ragione per farlo. Una riunione deve essere giustificata, dal punto di vista del costo temporale, per le persone coinvolte. La vostra stessa presenza alla riunione deve avere un senso.

Quando di recente ho partecipato a un corso per persone che intendono fare affari in Giappone, è stato interessante scoprire che uno degli stereotipi che i giapponesi hanno su noi britannici è che nel nostro Paese ci sia l'abitudine a fare riunioni interminabili, durante le quali l'unica decisione definitiva che viene presa è quella di fare un'altra riunione. Non permettete a voi stessi di cadere vittime di questo stereotipo!

Test di autovalutazione
Situazioni / Risposte

Quale delle tre possibili cause (*inefficienza lavorativa, troppi impegni, troppo poco tempo*) è quella maggiormente responsabile di ciascuna delle situazioni seguenti?

1 Siete il proprietario di una piccola azienda. Dopo aver faticato anni per avviarla, ora trovate difficile tenere il passo con la quantità di lavoro in arrivo. Vi affannate costantemente nel tentativo di risolvere i problemi. State lavorando come muli, ma siete consapevoli di essere lontani dal guadagnare quanto dovreste.

⊙ **Troppi impegni.** Questo è il classico problema delle piccole aziende. Dopo aver investito anni per cercare di conquistare sempre più clienti, adesso avete più clienti di quanti riusciate a gestire — con il risultato che siete così impegnati da non avere il tempo di accorgervi dove state andando. È su questo punto che dovete concentrare il vostro lavoro *vero* di titolare dell'attività. Le vostre responsabilità principali sono la strategia, la pianificazione e l'allestimento dei sistemi. Dovete concedervi il tempo sufficiente per adempiere a questo ruolo perché nessun altro può farlo al posto vostro. Liberatevi il più possibile dal peso di qualsiasi altra incombenza.

2 Volete lasciare il vostro attuale posto di lavoro per avviare un'attività in proprio. Prima di fare il grande salto volete però riuscire ad avviare la vostra attività durante il tempo libero, in modo da non dover partire da zero. Il problema è che non sembrate proprio in grado di trovare il tempo per farlo. Sono infatti passati sei mesi dal lancio ufficiale della vostra attività part-time e apparentemente non è ancora successo niente. Ormai avete perso le speranze di riuscire a lasciare il vostro posto di lavoro.

- ⊙ **Inefficienza lavorativa.** Se volete davvero arrivare al punto in cui potrete lasciare il vostro lavoro da dipendente per dedicarvi a tempo pieno a un'attività in proprio, dovete diventare più efficienti nell'attività che attualmente svolgete part-time. Assicuratevi di occuparvene per il numero di ore lavorative previste e di organizzare il lavoro che la riguarda così come organizzate il lavoro nel vostro ufficio. Sforzatevi di completare tutto quello che dovete fare, su base quotidiana.

3 In quanto direttore di medio livello del vostro ufficio, fate parte del comitato consultivo sui prodotti che si riunisce ogni due settimane per analizzare la situazione in corso. Ogni ufficio è rappresentato da qualcuno. La prima mezz'ora

serve per stabilire l'ordine del giorno, mentre nella seconda mezz'ora si stabiliscono quali progetti devono essere controllati. Dopo un tempo interminabile, speso a discutere dei progetti, a ognuno viene chiesto se ha altri impegni. Infine, viene decisa la data della prossima riunione. Dovete tenervi liberi per l'intera mattinata a motivo della riunione, anche se non si sa mai con certezza quanto durerà. Fate anche parte del comitato consultivo sulla pubblicità e del comitato che si occupa dei benefit per i dipendenti, le cui riunioni vengono gestite in maniera molto simile.

⊙ **Troppo poco tempo.** Questo è lo stereotipo delle riunioni britanniche. Siete lì "in rappresentanza del vostro ufficio", senza però avere un ruolo preciso. Non esiste un vero e proprio ordine del giorno. Non è stato fatto alcun sforzo per identificare in anticipo che cosa dovrà essere esaminato. Non è stato fissato un orario di conclusione. Le riunioni sono auto-perpetuanti. Dovreste eliminarle del tutto. Se proprio non riuscite a convincere il vostro superiore dell'inutilità della vostra partecipazione, non andate mai a una di queste riunioni senza avere una scusa pronta per fuggire via in anticipo, per esempio un "incontro con un cliente importante".

4 Siete un insegnate di scuola superiore. Amate il vostro lavoro e siete bravi, ma odiate la quantità di scartoffie, sempre più ingente, che siete costretti a compilare; a causa della quale rimanete sempre indietro con la preparazione delle lezioni e la correzione dei compiti. Questo vi procura molto stress.

⊙ **Inefficienza lavorativa.** Questo non ha nulla a che fare con il vostro talento di insegnante. Il problema è che siete poco efficienti nello sbrigare il lavoro amministrativo e le scartoffie che questo comporta. Assicuratevi di includere anche questo tipo di lavoro nella vostra "lista delle cose che farò" e datevi da fare per finirlo tutto, ogni giorno.

5 Avete completato tutte le voci in agenda e ridotto il resto del vostro lavoro, per poter gestire un progetto importante. Vi trovate però di fronte a un problema inaspettato: nonostante dobbiate occuparvi solo del progetto, vi risulta molto difficile fare progressi. Alcuni giorni non riuscite a combinare assolutamente nulla.

⊙ **Inefficienza lavorativa.** Le persone inefficienti hanno spesso bisogno della pressione del tempo per andare avanti, e quando questa viene meno crollano del tutto. Per aumentare la vostra efficienza, suddividete il progetto in piccoli sotto-compiti, metteteli in calendario nella vostra agenda dei compiti e utilizzate alcuni dei metodi illustrati nel prossimo capitolo, "Continuare ad agire", per aiutarvi a completare ogni giorno tutto il vostro lavoro.

6 Avete adottato una politica di porte aperte per il vostro staff e siete sempre disponibile ad aiutare i collaboratori che hanno problemi o domande riguardanti il loro lavoro. Ritenete sia importante comunicare e tenere informato il vostro staff, così discutete con loro via e-mail ogni azione progettata. Siete orgogliosi di offrire ai vostri clienti un servizio "il giorno stesso". Sfortunatamente però sembra che i vostri collaboratori abbiano difficoltà a portare a termine i progetti, nonostante l'incoraggiamento che date loro. Non riuscite a capire perché.

⊙ **Inefficienza lavorativa.** Forse questa risposta vi sorprenderà. Ma è proprio così. Non solo siete inefficienti per voi stessi, ma anche causa di inefficienza per gli altri. Quello che fate è introdurre un numero enorme di eventi casuali nel lavoro di tutti: il vostro e quello del vostro staff. È impossibile aspettarsi che qualcuno lavori efficientemente in simili circostanze. Siete in tutto e per tutto uguali a Joe Slobb (vedi pagina 76). Ricordate? Nel tentativo di fornire una risposta immediata a tutti, offriva ai clienti un servizio molto peggiore di Mick Cool. Studiate con attenzione un modo per poter introdurre alcuni "cuscinetti" nel vostro lavoro e in quello del vostro staff.

La mente razionale mente *per sua stessa natura.*

CAPITOLO 13

CONTINUARE AD AGIRE

L A PROCRASTINAZIONE, NELLA MAGGIOR PARTE dei casi, è causata della sensazione di rimanere indietro con il lavoro o di essere sommersi dagli impegni. Quando si arriva al punto in cui il lavoro appare come una minaccia, la reazione naturale è la *paralisi.* Quando invece si ha la sensazione di averlo pienamente sotto controllo, si ha la tendenza a rimanere in movimento, e la procrastinazione non si manifesta più, o raramente. Grazie alla "lista delle cose che farò" riuscirete a mantenere il controllo sul vostro lavoro, riducendo notevolmente i casi di procrastinazione. Sarebbe però troppo ottimistico sperare che questi ultimi non si verifichino mai, perciò è importante imparare ad affrontarli.

In questo capitolo cercheremo di affrontare due problemi legati alla procrastinazione. Il **primo** è come *continuare ad agire* in modo da evitarla; il **secondo** è come *ricominciare ad agire* dopo averla sperimentata.

LAVORARE PER COMPLETARE

Per monitorare la vostra efficienza nel completare il lavoro che dovete svolgere su base quotidiana, potete usare una variante dell'esercizio a punti proposto nel Capitolo 2. Assegnatevi un punto per ogni giorno in cui riuscite a completare per intero la "lista delle cose che farò". Per ogni giorno in cui non riuscirete a completarla, dovrete invece togliervi un punto. Vi è concesso di escludere dal gioco alcuni giorni particolari (per esempio, quelli in cui non siete in ufficio), ma questi dovranno essere stabiliti in anticipo.

Tenete aggiornato il totale e controllate quanti punti riuscirete a totalizzare in un mese. È utile scrivere il punteggio ottenuto in agenda o da qualche altra parte dove potete vederlo.

Non disdegnate i giochi a punti come questo, pensando che siano infantili. È sorprendente quanto riescano a motivare anche gli adulti.

LAVORARE A INTERVALLI DI ATTIVITÀ

Uno dei sistemi più efficaci per evitare l'abitudine a procrastinare è lavorare a *intervalli temporizzati di massima intensità*. Gli intervalli possono avere una durata qualsiasi, ma di solito questa è compresa tra i 20 e i 40 minuti. Più *avversione* si prova verso un certo compito, più *brevi* dovranno essere gli intervalli di attività. Per riuscire a portare avanti un compito verso cui si prova una forte avversione, può essere una buona idea partire con un intervallo di 5 minuti, che poi verrà gradualmente aumentato.

Per esempio, potrebbe capitarvi di essere restii a scrivere qualcosa di importante. Per riuscirci, cominciate a lavorarci su per 5 minuti, fate una pausa di 2 minuti, poi ricominciate a scrivere per altri 10 minuti. Aumentate progressivamente la durata di ciascun intervallo di attività, aggiungendo ogni volta altri 5 minuti, finché non riuscirete a scrivere per 40 minuti consecutivi. La sequenza sarà dunque: 5; 10; 15; 20; 25; 30; 35; 40; 40; 40 e così via. Una volta vinta l'avversione iniziale, potrete uniformare la durata degli intervalli su quella in cui vi sembra di riuscire a mantenere meglio la concentrazione.

Un'altra tecnica utilizzabile in caso di forte avversione verso un progetto è quella di dire a voi stessi che ci lavorerete *solamente per 5 minuti,* trascorsi i quali, deciderete se avete voglia o meno di andare avanti per altri 5 minuti. Potete continuare in questo modo finché non vi accorgerete che l'avversione è stata vinta abbastanza da permettervi di lavorare normalmente al progetto.

Ci sono un paio di punti che vale la pena di sottolineare a proposito del lavorare a intervalli di attività. *Primo,* questa tecnica è utile sia per farvi superare un'eventuale avversione iniziale verso un progetto, sia per mantenere la concentrazione quando dovete lavorare a qualcosa per un lungo periodo di tempo. Lavorando su un progetto per tre intervalli di 20 minuti, è probabile che riusciate a fare di più che in un'ora di lavoro senza sosta, durante la quale perdereste, molto probabilmente, la concentrazione.

Secondo, questa tecnica è efficace solo se ci si ferma quando scade il tempo. Permettere a voi stessi di continuare a lavorare oltre l'intervallo di tempo stabilito, ne diminuisce l'efficacia. Più bruscamente vi fermerete, meglio sarà. L'ideale è farlo, per esempio, a metà di una frase. La mente aspira alla *completezza* e quindi vorrà ritornare a occuparsi del compito per portarlo a compimento. **Questo vi aiuterà a mantenere lo slancio.**

Lavorare a intervalli di attività è una tecnica che si adatta facilmente a essere utilizzata per eseguire le diverse voci della vostra lista delle cose che farò. Fate delle prove per scoprire che cosa funziona meglio per voi.

FARE DELLE PAUSE

La vostra giornata sarà molto più produttiva se vi concederete delle pause programmate. **E gli intervalli temporizzati, così come aumentano la concentrazione sul lavoro, aumentano anche l'efficacia delle pause.** Se stabilite per le vostre pause un orario ben definito di inizio e di fine, vi accorgerete che queste saranno molto più "rinfrescanti" di quanto non lo sarebbero se avessero una durata *indeterminata*.

Pausa pranzo

Non lasciatevi tentare dall'idea di lavorare durante la pausa pranzo. Se lo farete, finirete per fare di *meno* e non di *più*. Questo perché **senza un po' di relax non sarete in grado di mantenere la concentrazione.** Pranzare, concedendovi un po' di tempo per voi stessi, vi ristorerà positivamente. Non importa quanto duri la pausa pranzo, l'importante però è che inizi e finisca a un orario *preciso*.

Orario di fine lavoro

Oltre a concedersi della pause programmate durante il giorno, è importante smettere di lavorare *sempre allo stesso orario*. Questo vale sia per l'orario di *fine lavoro* sia per la *pausa pranzo*: senza un orario finale ben definito, riuscirete a fare di meno e non di più. La ragione è la stessa: non concedersi delle pause adeguate vi farà perdere la concentrazione; non avere un orario di fine lavoro farà di peggio: rovinerà la vostra vita privata!

Spetta a voi scegliere l'orario in cui terminare di lavorare, così come la durata della pausa pranzo. La cosa importante è che smettiate *del tutto* di lavorare all'ora che avete stabilito.

Una domanda che mi viene spesso rivolta è: "Che cosa succede se quando lavoro a intervalli di attività temporizzati arriva l'ora di andare in pausa pranzo? Devo interrompere quello che sto facendo, per pranzare, oppure posticipare la pausa finché non sarò arrivato alla fine dell'intervallo di attività previsto?". La mia risposta è: ogni volta che vi capita di essere interrotti, per un motivo qualsiasi, durante un intervallo temporizzato, fermate il timer e ripartite a cronometrare il tempo, dopo l'interruzione. Questo vale sia per le interruzioni impreviste, per esempio una telefonata, sia per le interruzioni programmate, come un appuntamento o la pausa pranzo.

Pause non programmate

Non tutte le pause però sono positive per la vostra attività. Quelle impreviste possono facilmente farvi perdere la voglia di ritornare al lavoro. Tuttavia, se vi accorgete che vi state stancando o che la vostra concentrazione viene meno, di solito è meglio concedersi una pausa, piuttosto che cercare di continuare a lavorare. *Ma come si può fare una pausa imprevista, senza perdere lo slancio?*

Ricordate che cosa ho detto, in precedenza, sul desiderio di completezza della mente? Bene, potete sfruttare questa caratteristica anche nel momento in cui decidete di concedervi una pausa imprevista. Istintivamente, quando decidiamo di concederci una pausa, tendiamo a lavorare fino al prossimo "naturale" punto di interruzione — la fine del capitolo, della sezione o altro — prima di concederci la pausa. Ci sembra naturale farlo, ma il problema è che la mente lo registrerà come una *conclusione*: "Abbiamo finito!" Alla mente piace il senso di completamento; perciò ricominciare a lavorare alla sezione successiva potrebbe risultare faticoso.

Al contrario, se vi fermerete *di colpo* a metà di qualcosa, la vostra mente inizierà a dire: "Non abbiamo finito! Non abbiamo finito!" Ricominciare a lavorare sarà quindi molto più facile perché la vostra [*pausa*] mente non vedrà l'ora di tornare a fare quello che stava facendo, per completarlo. Infatti, mentre scrivevo l'ultima frase, il mio timer è scattato a significare l'inizio di una pausa. Ho contrassegnato il punto con [*pausa*] — come vedete l'ho fatto non solo a metà frase ma a metà sintagma!

Se non lavorate a intervalli di attività temporizzati, il momento migliore per concedersi una pausa non programmata è quando avete *appena cominciato* qualcosa di nuovo. La mia regola, in questo caso, è: "Non concedersi mai una pausa finché non si è cominciato a eseguire la prossima cosa in agenda". A volte, in effetti, questo funziona così bene che la mia concentrazione si rinvigorisce a tal punto che mi dimentico addirittura di fare la pausa!

In questo libro ho spesso parlato degli effetti positivi dell'abitudine di lavorare "poco e spesso" a un compito importante. Ho sottolineato che in questo modo la mente ha la possibilità di assimilare i progressi fatti. Lo stesso vale per le pause brevi. Quando ritornerete a occuparvi di qualcosa, dopo esservi concessi una pausa — non importa quanto breve, vi accorgerete che farete dei passi avanti. Le pause non solo rinvigoriscono e aumentano la concentrazione, ma aiutano anche a produrre un lavoro di qualità migliore.

SENTIRSI BENE

Un altro modo [in questo punto mi sono concesso una pausa imprevista mentre scrivevo — vedi la sezione precedente] per migliorare la vostra capacità lavorativa generale è continuare a monitorare il vostro stato di benessere. La tendenza a procrastinare, lo stress, la sensazione di essere sommersi dal lavoro e sul punto di "scoppiare" sono tutte condizioni strettamente legate tra loro, che difficilmente permetto di sentirsi bene.

Tuttavia, è vero anche il contrario. È difficile soffrire di stress, procrastinare o sentirsi completamente sommersi dal lavoro e sul punto di "scoppiare" quando si sta bene. Perciò monitorare il proprio stato generale può essere molto utile.

Farlo è facilissimo. Provateci immediatamente. Smettete per un attimo di leggere e domandatevi: "Quanto bene mi sento in questo momento?" Rispondete assegnandovi un voto da 1 a 10. Se vi sentite piuttosto tesi e agitati, rispondete "4". Se, al contrario, avete la sensazione di avere tutto sotto controllo, rispondete "8". Probabilmente sarà più facile rispondere se, invece di scrivere una cifra sola, indicherete una cifra doppia tipo 7-8, cioè "tra 7 e 8". La risposta migliore è quella che vi viene di getto. Quindi non perdete troppo tempo a pensarci. Provate subito. Qual è la vostra risposta? Scrivetela a margine della pagina o su un pezzo di carta.

Probabilmente vi sarete chiesti che cosa si intenda per "bene". Non vi ho dato una definizione di proposito. Scoprirete da soli che cosa significa "bene" per voi rispondendo alla domanda: "Quanto mi sento bene?" Più vi porrete questa domanda, più comincerete a capire che cosa ricercate per dare la risposta. Comincerete anche a notare quali aspetti della vostra vita tendano a incidere sul punteggio. Perciò non preoccupatevi di che cosa voglia dire "bene". Scoprirete con l'esperienza che cosa questa parola significhi per voi, facendo l'esercizio. È meglio di qualsiasi mia possibile definizione.

Una volta che avrete segnato la vostra risposta, non dovrete fare alcuno sforzo cosciente per cercare di sentirvi meglio. Vi basterà osservare le vostre sensazioni. In questo modo ne diventerete consapevoli, e questo basterà a migliorarle.

Ponetevi nuovamente la domanda e scrivete la risposta. È la stessa di prima o è cambiata? Probabilmente vi accorgerete che il vostro punteggio è già aumentato. Questo perché è aumentata la vostra consapevolezza. Se invece non è successo, non preoccupatevi!

Questa è una tecnica molto potente, ma al tempo stesso molto sottile. Ci vuole un po' di tempo perché abbia effetto. Continuando a usarla, vedrete che con ogni probabilità il vostro punteggio medio salirà gradualmente. Nella maggior parte dei casi, dopo alcune settimane, un punteggio iniziale di 3 o 4 sarà arrivato a 7 o 8. Forse non vi sembrerà importante, ma ricordatevi che aver coinvolto così la vostra sensazione mentale di benessere generale potrebbe incidere profondamente su molti aspetti della vostra vita.

Ho sperimentato di persona come questo possa fare la differenza. Dopo avere visto un elicottero che si schiantava al suolo, per molti anni ho avuto paura di volare. Sono riuscito a guarire da questa fobia utilizzando la tecnica che vi ho descritto per un paio di mesi prima della data in cui avrei dovuto fare il mio primo volo aereo in otto anni. Ha funzionato così bene che, in effetti, sono stato in grado di mantenere un punteggio di 10 per l'intero volo, decollo e atterraggio compresi!

INGANNARE LA MENTE REATTIVA

Esiste poi tutto un insieme di tecniche che sfrutta il fatto che mentre i piani d'azione sono un *prodotto* della mente razionale, la resistenza a questi piani è opera della mente reattiva.

Pertanto, attraverso queste tecniche noi riusciamo a ingannare la mente reattiva fino a sconfiggere la sua resistenza. In che modo? *Sfruttando l'incapacità della mente reattiva di accorgersi delle bugie dette dalla mente razionale.* Mentire è un attributo di quest'ultima. La mente reattiva non è in grado di elaborare concettualmente una bugia. Curiosamente, gli esseri umani si distinguono dagli altri animali proprio per la loro capacità di mentire. Tutte le altre specie animali infatti, perfino quelle dotate di un cervello molto complesso, hanno una capacità di mentire poco più che rudimentale. La nostra mente reattiva non è in grado di *dire* una bugia e, cosa ancora più importante, non è neppure in grado di *riconoscerla* — neppure quando a dirla è un'altra parte del cervello della stessa persona.

Possiamo quindi far sì che la mente reattiva smetta di opporre resistenza a un'azione che intendiamo compiere, fingendo di non volerla intraprendere e dicendo alla mente reattiva che invece ci limiteremo a fare qualcos'altro di relativamente innocuo. A tal scopo si può utilizzare una frase molto efficace, ossia: "Non ho nessuna intenzione di fare (il compito) adesso, mi limiterò a (primo passo del compito)".

Ecco alcuni esempi concreti di come usare questa frase:

⊃ "Non ho nessuna intenzione di scrivere la relazione adesso, mi limiterò solamente a tirare fuori il file."

⊃ "Non ho nessuna intenzione di chiamare quel cliente irritante adesso, mi limiterò solamente a cercare il suo numero di telefono."

⊃ "Non ho nessuna intenzione di mettermi a riordinare la scrivania adesso, mi limiterò solamente a rimettere a posto quella cartellina."

Una volta compiuta questa prima azione — tirare fuori il file, cercare il numero, mettere a posto la cartellina, avrete fatto il primo passo e, probabilmente, senza quasi accorgervene, vi ritroverete a continuare con l'azione successiva.

Ricordo che una volta ero seduto in giardino durante una domenica pomeriggio d'estate. Era una giornata di sole e si stava benissimo, quando improvvisamente mi accorsi che l'erba aveva bisogno di essere tagliata. Così dissi a me stesso: "Non ho nessuna intenzione di falciare l'erba adesso, mi limiterò solo a tirare fuori il cavo di alimentazione del tosaerba". Ricordo di essermi alzato e di essere andato nel capanno degli attrezzi; e poi tutto quello che so è che l'erba era stata falciata. Ovviamente, ero stato io, ma non mi ricordo quasi di averlo fatto. Una volta che ero riuscito a fare il primo passo, la mia mente inconscia aveva preso il sopravvento. Sapevo perfettamente come si faceva a falciare l'erba e quindi non ho più avuto bisogno di un aiuto cosciente!

Come funziona?

La mente reattiva considera falciare l'erba o scrivere una relazione una minaccia. È un compito che potrebbe risultare difficile, costringervi a uscire dalla vostra zona di comfort, comportare un duro lavoro oppure impedirvi di fare qualcos'altro di più piacevole: queste sono le implicazioni del compito secondo la valutazione elaborata dalla mente razionale. Come sempre, la mente reattiva crede a quello che dice la mente razionale e di conseguenza classifica il compito come una minaccia da cui è suo dovere proteggervi.

Se invece la mente razionale dice alla mente reattiva di non avere alcuna intenzione di falciare l'erba o di scrivere la relazione adesso, la mente reattiva tirerà un metaforico sospiro di sollievo e smetterà di opporre resistenza. La minaccia è stata eliminata e quindi può rilassarsi. Dal momento che, nella valutazione fatta dalla mente razionale, tirare fuori il cavo di alimentazione o il file non sembra essere un'operazione difficile, non riterrà necessario opporsi. Naturalmente, la mente razionale ha tutte le intenzioni di svolgere il compito ben oltre questo primo passo, ma la mente reattiva non può saperlo.

Se tutto questo vi sembra impossibile, provate: è il modo più semplice per accorgersi che funziona davvero. Cominciate con qualcosa verso cui opponete una resistenza blanda, per esempio mettere in ordine un angolo del vostro ufficio. Dite a voi stessi: "Non ho nessuna intenzione di mettere in ordine l'ufficio adesso, raccoglierò solamente quel pezzo di carta" o qualsiasi altra cosa sia appropriata al compito che avete scelto. Provateci adesso — e poi continuate pure a riordinare l'ufficio (o a svolgere qualsiasi altro compito abbiate scelto) finché ne avete voglia.

☞ **Fatelo subito.**

Com'è andata? Avete visto come questa farsa ha vinto la vostra resistenza iniziale? E vi siete accorti che una volta raccolto quel primo pezzo di carta, siete andati avanti a riordinare l'ufficio quasi senza rendervene conto?

Nel caso di compiti importanti verso cui provate una forte avversione, forse sarà necessario ripetere la frase più di una volta, a ogni nuova fase di azione, modificandola adeguatamente in modo che vi porti alla fase successiva. È un po' come quando chi si trova in una situazione estrema ripete a se stesso: "Arriverò fino a lì prima di crollare", e poi "Ce la posso fare ad arrivare fino a là" e così via, costringendosi ad andare avanti, a volte addirittura per centinaia di chilometri.

Dopo un po' di tempo che utilizzate questa frase, probabilmente scoprirete che non avrete più bisogno della seconda parte. Quando sarete arrivai a pronunciare: "Non ho nessuna intenzione di riordinare l'ufficio adesso...", avrete già iniziato a riordinare l'ufficio. In effetti, potreste perfino ritrovarvi a scrivere una relazione mentre state ancora dicendo a voi stessi che non avete nessuna intenzione di farlo. Questa può essere una tecnica molto efficace per riuscire a fare una serie di piccole azioni le quali, tutte insieme, provocherebbero una forte resistenza da parte della mente reattiva.

"Non ho nessuna intenzione di mettere via quella sedia"; "Non ho nessuna intenzione di spostare il tavolo"; "Non ho nessuna intenzione di tirare fuori l'aspirapolvere"; "Non ho nessuna intenzione di rifare il letto". Riuscirete a pulire tutta la casa *continuando a ripetervi che non lo farete!*

"Lo farò dopo"

Una tecnica simile per ingannare la mente reattiva è utilizzare la frase "Lo farò dopo". È una frase particolarmente utile, perché è esattamente la stessa che di solito ci viene in mente quando siamo tentati di posticipare qualcosa. Come sistema per aggirare la resistenza della mente reattiva, può essere utilizzata più o meno in qualsiasi circostanza.

Per esempio, se vi ritrovate con l'ufficio in disordine è perché avete perso centinaia di occasioni per intraprendere la minuscola azione di mettere a posto qualcosa. E perché mai non l'avete fatto? Perché ogni volta, mentalmente, vi siete detti: "Lo farò dopo".

Riuscendo a capovolgere la frase in modo che abbia esattamente l'effetto opposto, avremmo eliminato una delle fonti del disordine.

Come abbiamo visto, ci sono molte occasioni in cui è opportuno posticipare l'esecuzione di qualcosa. Infatti, una delle principali ragioni per cui la nostra giornata è disturbata da azioni casuali è proprio il tentativo di fare troppe cose subito. Perciò, quando diciamo "lo farò dopo", come può la mente sapere se intendiamo in effetti compiere l'azione immediatamente oppure no? La risposta è che non può. Ricordate che questa è una tecnica utilizzata dalla mente razionale per ingannare la mente reattiva. La mente razionale sa *benissimo* se intende o meno compiere l'azione in questione.

"Mi limiterò solamente a..."

La frase "Non ho nessuna intenzione di scrivere la relazione adesso, mi limiterò solamente a tirare fuori il file" può essere abbreviata usando solo la seconda metà, ossia "... Mi limiterò solamente a tirare fuori il file". Può essere molto efficace anche così, benché per esperienza abbia constatato che su di me non ha lo stesso potere di "Non ho nessuna intenzione di scrivere la relazione..." Fate delle prove per scoprire quale funziona meglio per voi.

Inganno positivo

Se riuscirete a ingannare la mente reattiva con una frase negativa, quando volete fare qualcosa, forse riuscirete anche a ingannarla con una frase positiva, quando non volete fare qualcosa.

Per esempio, se siete a dieta e venite colti dall'impulso di mangiare una fetta di deliziosa torta al cioccolato, non dovete far altro che dire a voi stessi: "Mangerò una fetta di torta" — e poi non farlo. Dal momento che le è stato assicurato che mangerete la torta, la mente reattiva smetterà di inviare l'impulso.

Questo sistema, benché possa dimostrarsi efficace in alcuni casi, presenta però un problema: la torta è ancora lì. Non avete rimosso la fonte della tentazione, contrariamente a quanto succede quando vi convincete a fare qualcosa, nel quel caso, una volta che l'azione è stata intrapresa, è stata intrapresa. Di conseguenza, è improbabile che questa tecnica funzioni altrettanto bene sul lungo termine. Ma resta comunque utile, e potreste sperimentare altri modi per utilizzarla.

RIMONTARE IN SELLA

Finora abbiamo esaminato i modi per prevenire o superare l'abitudine a procrastinare. Nella maggior parte dei casi, queste tecniche saranno sufficienti a non farvi perdere il ritmo, a condizione che completiate la vostra "lista delle cose che farò" su base quotidiana. Ma capiterà inevitabilmente che un giorno non riusciate ad arrivare alla fine della lista, col rischio di far crollare tutto il castello.

È inevitabile che accada, come è inevitabile cadere quando si impara ad andare in bicicletta. Perciò è necessario sapere che cosa fare per risalire in sella il più velocemente possibile.

La chiave per riprendere il ritmo è *concentrarsi su ciò che è opportuno fare*. Non serve a niente rimproverare voi stessi per aver fallito. L'unico risultato che otterreste in questo modo sarebbe di sentirvi ancora più incapaci. Quello su cui invece dovete concentrarvi innanzitutto è tenere in piedi la struttura. Per riuscirci, è indispensabile stilare la "lista delle cose che farò" per il giorno seguente. Per quanto terribile sia stata il la vostra giornata, questo è l'unico modo per evitare che la prossima sia altrettanto pessima.

Se non preparate la "lista delle cose che farò" per il giorno dopo, con ogni probabilità comincerete a lavorare a caso. Di conseguenza la lista non verrà mai prodotta e avrete un'altra giornata terribile. Prima che ve ne rendiate conto vi ritroverete al punto di partenza. In pratica, durante la notte vi sarete nuovamente trasformati da Mick Cool in Joe Slobb!

Ricordate: è la struttura che produce il comportamento, non il contrario. Per tornare a comportarvi come vorreste, è necessario correggere i difetti strutturali. Non cedete alla tentazione di aspettare finché le cose non "andranno un po' meglio". Se lo farete, aspetterete moltissimo.

Ecco una breve sequenza passo a passo per correggere i difetti della vostra struttura lavorativa. Se la seguirete, riuscirete a tornare in sella immediatamente.

⊃ Scrivete la "lista delle cose che farò", e cominciate a svolgerla. Riprendete l'abitudine di sbrigare domani il lavoro che vi arriva oggi. Questo vi farà recuperare il controllo sul nuovo lavoro.

⊃ Se siete rimasti indietro, dichiarate un arretrato. Trasformate lo smaltimento dell'arretrato nella vostra iniziativa corrente. In questo modo riprenderete il controllo sul lavoro vecchio.

⊃ Applicate la procedura di controllo.

A Sto lavorando efficientemente?

B Ho troppo lavoro?

C Mi sono riservato abbastanza tempo per farlo?

Non ha senso tirare avanti senza applicare questa procedura; l'unico risultato che otterreste sarebbe di lavorare sempre più in balia del caso.

Se provate avversione all'idea di applicare la procedura, dite a voi stessi: "Non ho nessuna intenzione di ristabilire il sistema ora, mi limiterò solamente a stampare la 'lista delle cose che farò'".

Test di autovalutazione
Situazioni / Risposte

Che cosa potreste fare nelle seguenti situazioni?

1 La vostra scrivania è sempre in disordine. Vi ripromettete di migliorare, ma non riuscite mai a mantenere la promessa.

⊙ Una scrivania disordinata non è necessariamente un fatto negativo. Lo diventa solo se vi impedisce di lavorare bene. Scrivete "Riordinare la scrivania" nella lista dei compiti quotidiani; basterà questo a porre fine al disordine.

2 Avete provato ogni tecnica di gestione del tempo esistente. Tutte sembrano funzionare bene per una settimana o poco più, ma poi perdono di efficacia.

⊙ Questo è sintomo di una carenza strutturale di base. In pratica, quando cadete dalla bicicletta non riuscite a risalire in sella. Il risultato è che ricominciate a lavorare in modo *casuale* e *destrutturato*. Questa volta concentratevi sull'unico punto veramente importante: ricominciare a scrivere la "lista delle cose che farò". Poi potrete preoccuparvi di seguire gli altri passi della procedura.

3 Siete intenzionati a migliorare la qualità dei vostri sistemi, ma prima dovete rimettervi in pari.

⊙ Questa è la sequenza sbagliata. *Prima* dovete migliorare i vostri sistemi, *poi* sarete in grado di rimettervi in pari.

4 Fate fatica a ricominciare a lavorare dopo la pausa pranzo.

⊙ Questo è un altro tipico esempio di carenza strutturale. Il rimedio è allestire una struttura più solida. La cosa più importante è avere un orario di inizio e fine ben definiti per la pausa pranzo. Portate con voi un timer, oppure una sveglia, per aiutarvi a rispettarli.

5 Anche se avete già applicato con cura, e più volte, la procedura di verifica, non riuscite ancora a completare la "lista delle cose che farò" su base quotidiana. A quanto pare, rimanete senza carburante più o meno a metà pomeriggio.

⊙ Ci sono diverse cose che potete fare a riguardo. Potete, ad esempio, assicurarvi di programmare una pausa a metà pomeriggio, con orario di fine preciso. Oppure istituire un sistema a punti, come quello descritto a pagina 162.

6 Avete l'impressione che nei giorni in cui avete meno da fare, tendiate a gingillarvi per tutto il giorno senza lo stimolo dato dalla pressione del tempo.

⊙ La soluzione è ristabilire la pressione del tempo. Il modo più facile per farlo è anticipare il vostro orario di uscita, ad esempio prendendovi il pomeriggio libero, e rispettarlo!

Non credo che qualcuno possa assegnare regolarmente un ordine di priorità in base all'importanza, perché è praticamente impossibile farlo.

CAPITOLO 14

GESTIONE TOTALE
DEI PROGETTI

F INORA CI SIAMO OCCUPATI DELLA MIRIADE DI AZIONI che ci capita di dover eseguire nel corso di una giornata. Abbiamo anche visto che cos'è l'iniziativa corrente: una tecnica per portare avanti le attività che desideriamo completare, concentrandoci su di esse una alla volta. Ci resta ora da esaminare più dettagliatamente come affrontare i progetti nel loro insieme; l'intento non è quello di fornire un manuale che insegni come sviluppare un progetto, ma di spiegare come ognuno di noi possa mantenere il controllo sul lavoro che ogni progetto comporta.

Prima di tutto, vorrei ricordarvi ciò che io intendo per progetto. Un progetto è un compito che, per essere completato, richiede più di un'unica sessione di lavoro. Continuando sulla stessa linea, un progetto può essere suddiviso in compiti e, in teoria, volendo, ogni compito può essere considerato un progetto a sé stante.

Chiunque ricopra una posizione di responsabilità, di solito, deve seguire molti progetti contemporaneamente. In alcuni casi, la lista potrebbe sembrare addirittura infinita. Com'è naturale che sia, alcuni di questi progetti verranno seguiti bene e altri male.

Pensate per un momento alla vostra situazione, che cosa succederebbe se foste in grado di completare ogni singolo progetto in modo soddisfacente? Che cosa succederebbe se ogni volta che vi fate carico di un nuovo progetto, foste assolutamente sicuri di riuscire a realizzarlo? Farebbe la differenza per gli obiettivi che vi siete posti nella vita? Se foste in grado di poter contare a tal punto su voi stessi, scoprireste che i progetti e gli obiettivi si svilupperebbero man mano che ci lavorereste su, e che potreste cogliere le nuove opportunità che vi si presentano senza paura di rimanere delusi da voi stessi. Scoprireste che cosa significa ottenere dei risultati reali su base continuativa.

LE DUE TIPOLOGIE DI PROGETTO

Dal mio punto di vista esistono due tipi diversi di progetti. La differenza, puramente pratica e determinata dalla natura stessa dei progetti, sta nel modo in cui vengono svolti. Se non riuscite a decidere a che tipologia appartenga un progetto, fate degli esperimenti per vedere qual è la maniera più adatta per realizzarlo.

Le due tipologie di progetto sono:

1   I progetti continuativi
2   I progetti organizzativi

Vediamo in che cosa consistono.

Progetti continuativi

Un progetto continuativo è un progetto che consiste nella regolare ripetizione di un'identica azione per un periodo di tempo relativamente lungo. Spesso sono proprio queste azioni a definire il cuore del progetto, come accade, per esempio, quando si impara una lingua straniera, ci si esercita a suonare uno strumento musicale, si fa esercizio fisico e via dicendo.

In altri casi, i progetti continuativi sono rappresentati da un obiettivo futuro ben definito, per esempio completare un libro o superare un esame, ma il modo per raggiungere tale obiettivo consiste sempre nella regolare ripetizione di un'azione, più o meno identica, per un lungo arco di tempo. A volte le azioni continueranno a essere svolte anche dopo che l'obiettivo sarà stato raggiunto. Per esempio, una volta che avrete conseguito l'attestato di diploma linguistico a cui miravate, è possibile che dobbiate continuare a studiare per poter mantenere il livello di competenza raggiunto — o per affrontare un esame di livello superiore.

Come abbiamo visto in precedenza, i progetti continuativi non sono adatti a essere trasformati nell'iniziativa corrente, in quanto si tratta di progetti a lungo termine, o addirittura perenni, che impedirebbero a un altro progetto di diventare l'iniziativa corrente.

Dal momento che i progetti continuativi sono ripetitivi per definizione, il modo migliore per gestirli è *trasformarli in un'abitudine quotidiana*, assegnando al loro svolgimento un orario stabilito, nel corso della giornata. Oppure, se ogni giorno vi portano via poco tempo, potreste metterli nella *lista dei compiti quotidiani*. Evitate però di complicare questa lista inserendo azioni troppo lunghe.

I progetti continuativi occuperanno una parte della vostra giornata per un lungo periodo di tempo, perciò state attenti a non assumerne troppi: selezionateli con cura.

Progetti organizzativi

I progetti organizzativi consistono in una serie di compiti diversi finalizzati a un obiettivo specifico. In questo caso, ciò che conta è raggiungere l'obiettivo, non compiere un'azione. Alcuni esempi sono: organizzare una nuova campagna di marketing, scrivere la proposta per un nuovo libro, presentare un piano di ampliamento, approvare un nuovo appaltatore e via dicendo.

Poiché questi progetti non sono di natura ripetitiva, è meglio gestirli suddividendoli in *compiti più piccoli*, che verranno portati avanti utilizzando l'agenda dei compiti. Un piccolo numero di compiti possono essere messi in agenda per domani. I progetti di dimensioni più grandi e quelli più complicati possono essere equamente distribuiti su una settimana o più.

Quando si inserisce un progetto complesso nell'agenda dei compiti, è utile inserire molte voci, come le seguenti, per tenerlo sotto controllo:

⊃ *Pensare a...; Discutere di ... con...; Decidere in merito a...; Pianificare...; Rivedere... ecc.*

È possibile che ognuna di queste voci generi una serie di ulteriori compiti da gestire, a loro volta, con l'agenda dei compiti.

A volte capita che alcuni progetti siano troppo brevi per essere classificati come progetti continuativi, ma che non possano essere suddivisi in sotto-compiti, perché composti da azioni fondamentalmente ripetitive. Per esempio: riordinare gli scaffali. Un compito troppo grande per essere completato in un solo giorno. Il modo migliore per gestire questo tipo di compiti è continuare a inserirli, ogni giorno, nella lista dei compiti fino a quando non saranno stati completati.

PRIORITIZZARE I PROGETTI

☞ **Fate prima le cose meno urgenti**

L'ordine in cui si svolgono i progetti incide profondamente sul modo di lavorare. Innanzitutto è fondamentale non accettare progetti che non si ha il tempo di seguire adeguatamente. Ma una volta accettati, è altrettanto importante svolgerli nell'ordine giusto. Abbiamo già visto che quasi sempre l'ordine di priorità con cui svolgiamo i nostri compiti viene deciso o in base all'importanza o in base all'urgenza. In realtà, la scelta fra questi due criteri esiste solo *a livello teorico*, perché poi, di fatto, finiamo quasi sempre per fare *prima le cose più urgenti*. Come dimostrato, infatti, il problema di assegnare un ordine di priorità basato sull'importanza — se qualcuno fosse abbastanza sciocco da farlo regolarmente — è che quello che trascuriamo, in quanto "poco importante", finisce per complicarci il lavoro.

Credo che nessuno possa assegnare regolarmente un ordine di priorità basato sull'importanza, perché è praticamente impossibile farlo. È molto più comune assegnare un ordine di priorità basato sull'urgenza, infatti, molte persone, coscientemente o incoscientemente, lo fanno in modo più o meno sistematico.

Sfortunatamente, però, usare l'urgenza come criterio decisionale per stabilire che cosa fare *prima,* ha conseguenze molto negative. Si tende, infatti, ad aspettare di fare qualcosa *finché* questo qualcosa non diventi urgente. Con il risultato che ci si ritrova a vivere in uno stato di perenne lotta contro il tempo. In questo modo, lo stress aumenta, la qualità del lavoro diminuisce, l'affidabilità si abbassa, i vantaggi di lavorare "poco e spesso" vengono meno e non si riesce mai a sfruttare appieno il tempo a disposizione per realizzare un progetto. A prescindere dal fatto che ci siano stati dati una settimana o un mese per scrivere una relazione, finiremo comunque per farlo di corsa gli ultimi due giorni prima della scadenza prevista per la consegna. Anzi, spesso, *meno* tempo abbiamo a disposizione per scriverla, *più* è probabile che la finiremo in tempo: dopo averla posticipata per un mese, potrebbe risultare quasi impossibile iniziarla!

Alla luce di quanto detto, ha quindi più senso usare come principio guida personale l'idea di assegnare un ordine di priorità ai compiti da svolgere in senso inverso rispetto alla loro urgenza. In altre parole, fare **prima le cose meno urgenti**. Di primo acchito, potrebbe sembrare una scelta folle, ma vediamo invece perché funziona.

Quando si parla dell'urgenza di un qualche cosa, normalmente si possono intendere due cose completamente diverse:

1   Qualcosa di *urgente per sua stessa natura* (per esempio: abbandonare l'edificio in caso di incendio, preparare uno scoop in tempo per la prossima edizione).

2   Qualcosa che è *urgente solamente perché non è stato fatto prima* (per esempio: finire una relazione entro la scadenza prevista, che continuiamo a posticipare).

Nella maggior parte dei casi, la seconda categoria di urgenze surclassa di gran lunga la prima. **Questo significa che la maggior parte del nostro lavoro urgente è tale solo perché non è stato iniziato prima.** Vi è adesso più chiaro perché dovremmo abituarci a fare prima le cose *meno urgenti*? Applicando regolarmente questo principio, niente verrebbe trascurato al punto tale da farlo diventare un'emergenza. Naturalmente, le *vere* emergenze vanno affrontate immediatamente, ma il loro effetto distruttivo sarà molto minore, una volta eliminate tutte le emergenze indotte artificialmente.

DELEGARE

Nessuna discussione relativa ai progetti sarebbe mai completa senza qualche parola spesa sulle tecniche di delega. L'argomento è fin troppo vasto — e meriterebbe un libro a parte — per essere affrontato in poche pagine; perciò accennerò solo ad alcuni aspetti che lo riguardano dal punto di vista della gestione temporale.

Con *delegare* intendo il trasferire a un'altra persona il compito di svolgere un lavoro di cui si è responsabili, a prescindere dal fatto che la persona in questione sia un subordinato o un dipendente. In questo senso, infatti, è possibile delegare anche a un pari ruolo o, addirittura, a un superiore.

Quando delegate un lavoro, soprattutto a un subalterno, volete incoraggiare l'altra persona non solo a svolgere il lavoro che le avete passato, ma anche a farlo usando una buona prassi di gestione del tempo. Pertanto, il peccato più grave che possiate commettere a riguardo è quello di trascurare questo lavoro per giorni, o settimane, per poi assegnarlo, all'ultimo minuto, al vostro subordinato presentandoglielo come un'emergenza. In questo modo, infatti, la persona a cui avete delegato il lavoro non riuscirà a pianificarne l'esecuzione.

Se vi trovate a ripetere spesso la frase: "Faccio prima a farlo da solo", significa che il vostro metodo per delegare non funziona bene. Dovrebbe essere il campanello di allarme che vi avverte che le vostre capacità di delega sono scarse. In altre parole, la colpa è vostra, non della persona a cui avete delegato il lavoro.

Perciò, ecco le *sette regole d'oro* per migliorare le vostre capacità di delega:

1) Non tenete mai il lavoro da fare nel cassetto —delegatelo il prima possibile

Esistono due principali ragioni per cui le persone si tengono il lavoro nel cassetto e lo delegano all'ultimo minuto. La *prima* è che non sanno gestire bene il proprio tempo e quindi rimandano continuamente di occuparsi di quel particolare lavoro. La *seconda* è che non sanno delegare, e sperano di stimolare la persona a cui delegano il lavoro presentandoglielo come un'emergenza. Spesso, ovviamente, entrambe le ragioni si presentano contemporaneamente.

Ma in entrambi i casi, la colpa è di chi delega. Ricordate:

☞ **Più aspettate a delegare un lavoro, più scompiglio causate nella giornata lavorativa della persona a cui lo passate.**

2) Quando assegnate una scadenza, stabilite anche un tempo cuscinetto

Non assegnate mai scadenze che non vi lasciano un *margine di sicurezza*. Prevedete sempre un tempo cuscinetto abbastanza lungo da permettervi di sollecitare il lavoro in caso di ritardo, senza che questo crei una situazione di emergenza. Inoltre, assicuratevi di avere a disposizione abbastanza tempo per svolgere la vostra parte di lavoro quando questo ritornerà a voi.

3) Siate precisi

Siate sempre molto chiari su quello che deve essere fatto ed entro quando. Chiarite bene che vi aspettate che la scadenza venga rispettata.

4) Fissate delle scadenze intermedie

Fatta eccezione per i progetti più semplici, in tutti gli altri casi è buona norma stabilire alcune scadenze intermedie. Le ricerche hanno infatti dimostrato che con una o più scadenze intermedie le probabilità che un progetto venga completato in tempo aumentano enormemente. Come anche la qualità del lavoro eseguito.

Quando assegnate una scadenza intermedia, precisate sempre il risultato che deve essere raggiunto entro tale data. Non utilizzate frasi vaghe come: "Torna fra una settimana e vedremo come sta andando". Fornite istruzioni chiare e precise: "Prepara un piano dettagliato per la Fase 1 e ci ritroveremo la settimana prossima a quest'ora per discuterne".

5) Ricordate le scadenze

Un giorno o due prima di una scadenza intermedia o finale, mandate un promemoria alla persona a cui avete delegato il lavoro ricordandogli che vi aspettate di riceverlo indietro finito entro la scadenza prevista. Potete usare l'agenda dei compiti per scrivere questo tipo di promemoria. Scegliere il momento giusto per ricordare una scadenza a qualcuno è una vera e propria abilità. Dovete farlo abbastanza a ridosso della scadenza, in modo che la persona a cui avete delegato il lavoro non abbia scuse per dire di essersene dimenticata. Ma dovete farlo sufficientemente in anticipo, in modo tale da permetterle di finire il lavoro nel caso in cui non lo abbia ancora cominciato. Nella maggior parte dei casi, uno o due giorni dovrebbero andare bene. La cosa importante è far capire che *voi non vi siete dimenticati* della scadenza!

6) Sollecitate immediatamente

Se una persona non rispetta una scadenza, sollecitate immediatamente la consegna del lavoro. Altrimenti, darete l'impressione che la cosa non sia importante. Anche in questo caso, usate l'agenda dei compiti per ricordarvi di controllare di avere ricevuto il lavoro finito entro la data prevista.

7) Non accettate scuse

Chiarite bene che non siete interessati al *perché* una determinata scadenza non sia stata rispettata. Tutto ciò che volete sapere è *quando* il lavoro sarà finito. *Concentratevi solo su questo punto.* Negoziate una nuova data di scadenza e attenetevi a questa.

Test di autovalutazione
Situazioni / Risposte

In che modo affrontereste le seguenti situazioni?

1 Volete rimettervi in forma, così decidete di fare un po' di esercizio andando in bicicletta.

⊙ Questo è un progetto continuativo. Meglio assegnargli un orario preciso. Probabilmente non vorrete farlo ogni giorno — tre volte la settimana dovrebbero andare bene. Preparate un programma e rispettatelo precisamente. Più sarete precisi nel rispettare gli orari stabiliti, più velocemente diventerà un'abitudine. Non commettete l'errore di programmare più progetti continuativi di quanti ne siete in grado di gestire.

2 Vi è stato chiesto di preparare alcune proposte per la riorganizzazione dell'ufficio corrispondenza. Il comitato direttivo le prenderà in considerazione a luglio. Adesso è gennaio.

⊙ Avete a disposizione sei mesi di tempo per un compito che ne richiede molto meno — e proprio qui sta il *rischio*. È facile rimandare questo genere di cose finché non diventano urgenti. Ricordate la regola: *fare prima le cose meno urgenti* e liberarsene subito. A luglio mi ringrazierete!

3 Avete appena partecipato all'assemblea mensile del comitato requisiti. Avete accettato di discutere brevemente con alcuni capi ufficio le esigenze dei singoli reparti, per poi riferirle al comitato in occasione della prossima riunione.

⊙ Avete un mese di tempo per "discutere brevemente" con alcune persone. La tentazione di posticipare la cosa fino a quando non diventerà urgente è forte, quindi finirete probabilmente per farlo di corsa all'ultimo minuto. Un altro caso in cui applicare la regola *fare prima le cose meno urgenti*.

4 Dovete andare alla prossima riunione del comitato armonizzazione. Rileggendo il verbale dell'ultima riunione, vi rendete conto, con orrore, che avevate accettato di verificare l'andamento di quanto previsto alla Sezione VI, paragrafo 24, sottoparagrafo 6A.11C del precedente verbale, per poi aggiornare il comitato a riguardo. Ve ne eravate completamente dimenticati.

⊙ Dite la verità, non avreste voluto sentir parlare della regola *fare prima le cose meno urgenti*, vero?! Sta di fatto che adesso dovrete scusarvi con il comitato per non aver fatto il vostro dovere. Ora che *conoscete* la regola, ricordatevela e applicatela in futuro!

5 Siete arcistufi del fatto che le fatture continuino a essere spedite in ritardo. Decidete che risolverete il problema non appena avrete un attimo di tempo.

⊙ Che significa "non appena avrete un attimo di tempo"? Sapete benissimo che significa *mai*. Questo è un compito ideale da trasformare nell'iniziativa corrente. Vi suggerisco di tenere una lista di cose adatte a essere trasformate nell'iniziativa corrente e di farle tutte, una alla volta.

6 Una delle vostre responsabili amministrative vi dice di non aver avuto il tempo di esaminare il contratto standard per i servizi-prodotti. Avrebbe dovuto ragguagliavi in merito oggi.

⊙ Chiarite bene che non vi interessa il *motivo* del ritardo. Fatele presente le conseguenze che ciò comporta e chiedetele *quando* sarà pronta per aggiornarvi. Chiarite bene che questa volta vi aspettate che sia puntuale.

7 Congratulazioni! Siete riusciti a chiudere un accordo con un editore per pubblicare il vostro primo romanzo. La consegna del manoscritto finito è prevista tra otto mesi.

⊙ Otto mesi sembrano un periodo di tempo molto lungo. Non lasciatevi ingannare — cominciate subito a scrivere il libro. Ricordate: *fare prima le cose meno urgenti*.

8 Vi siete resi conto che il vostro sistema di *e-commerce* comincia a essere obsoleto e dovrà essere rinnovato al più presto.

⊙ Come regola empirica:

- I progetti che hanno una scadenza stabilita dovrebbero essere svolti rispettando la regola del fare prima le cose meno urgenti.
- I progetti senza una scadenza dovrebbero essere presi in considerazione per diventare l'iniziativa corrente.

Dal momento che questo progetto ha una scadenza indicativa molto vaga — "al più presto" — è meglio prepararlo e gestirlo trasformandolo nell'iniziativa corrente.

Il tempo speso per occuparsi dei sistemi è raramente tempo perso e, di solito, viene ripagato mille volte.

CAPITOLO 15

CORREGGERE I SISTEMI

ABBIAMO GIÀ DISCUSSO DI COME I SISTEMI CHE usiamo, o non usiamo, possano facilitare o rallentare il nostro lavoro. Naturalmente, il sistema più importante è il proprio modo di lavorare — che poi è quello di cui stiamo parlando dall'inizio del libro. In questo capitolo vorrei esaminare rapidamente alcuni ulteriori sistemi su cui comunemente facciamo affidamento nel nostro ambito lavorativo.

Ogni volta che, lavorativamente parlando, le cose vanno male, è sempre utile esaminare il sistema che si sta utilizzando in quel momento. Per esempio, il modo più comune per gestire le e-mail è: "Quando arriva una nuova e-mail, interrompere quello che si sta facendo per andare a leggerla. Poi si decide se rispondere subito o se occuparsene dopo".

Eccone invece un altro, il mio: "Durante il giorno controllo la posta in arrivo, a intervalli regolari, per vedere se qualcuna richiede una risposta immediata. Altrimenti, rispondo a tutte le e-mail che mi sono arrivate, il giorno dopo, in una volta sola".

Quali saranno i risultati di questi due diversi sistemi di gestione? Apparentemente sono molto simili. In entrambi i casi si controlla la posta in arrivo, si risponde ad alcune e-mail e si lasciano le altre per un momento successivo. **La differenza sostanziale sta nell'attenzione con cui vengono definite le azioni da fare.** Nel primo caso non si stabilisce a quali e-mail verrà data una risposta immediata e a quali no, né quando le altre verranno evase. Nel secondo, si definisce bene quando ogni e-mail verrà evasa.

Se si esaminano i probabili risultati dei due sistemi, ci si accorgerà che il primo comporterà interruzioni continue e poterà ad accumulare un arretrato di e-mail inevase. Il secondo causerà molte meno interruzioni e permetterà di evadere tutte le e-mail entro un giorno. Inoltre, risulterà probabilmente molto più veloce, in quanto la maggior parte delle e-mail saranno gestite in un unico blocco, invece che a caso.

Questi due sistemi per gestire le e-mail, quindi, sono simili solo in apparenza, perché di fatto producono *risultati* molto diversi. Questo è solo un esempio di come *cambiamenti minimi* nel modo di lavorare possano generare *differenze massime*. Un altro esempio potrebbe essere la differenza fra tornare da una riunione e gettare la cartellina in un angolo, e tornare da una riunione e svuotare il contenuto della cartellina nella vaschetta del lavoro in entrata. Nel primo caso potete stare certi che la vostra cartellina si trasformerà in una palude mobile di documenti inevasi. Nel secondo, sarete sicuri che i documenti contenuti nella cartellina verranno evasi velocemente ed efficacemente.

Avere dei sistemi che funzionano non è solo una questione di convenienza o efficienza personale. **L'efficienza dei sistemi può letteralmente determinare il *successo* di un'impresa, oppure il suo *fallimento*.** Sono molte, infatti, le ditte fallite a causa di sistemi di fatturazione o controllo del credito carenti. Un numero ancora maggiore ha molto meno successo di quanto ne potrebbe avere, a causa di cattivi sistemi di gestione dei clienti.

Lo scopo di questo libro non è però insegnarvi ad allestire dei sistemi gestionali efficienti, ma spiegarvi alcune tecniche in grado di aiutarvi nel vostro lavoro quotidiano. Mi occuperò in particolare della situazione di chi lavora da casa e di chi viaggia molto. Ma gran parte di quello che dirò può essere applicato anche in situazioni diverse. Infatti, è sempre indispensabile allestire una struttura di sostegno affidabile. Vale la pena ricordare che, in genere, se riuscite a migliorare la struttura, anche le vostre azioni miglioreranno.

LAVORARE DA CASA

Esaminando la particolare situazione di chi lavora da casa, la prima cosa che salta all'occhio è l'assenza di qualsiasi struttura di supporto. Neppure quella creata dal semplice fatto di essere in un ufficio circondati da colleghi e collaboratori.

Se lavorate in un grande ufficio, sarete circondati da persone e avrete un capo che controllerà, più o meno attentamente, il vostro operato; avrete un sistema di lavoro già collaudato che vi aiuterà a restare in riga; tenderete a iniziare a lavorare ogni giorno alla stessa ora, dimenticandovi delle questioni domestiche; avrete obiettivi e traguardi più o meno chiari; e avrete persone che vi imporranno delle scadenze. Inoltre, in un ufficio, potrete contare su una serie di specialisti responsabili di gestire gli altri settori, per esempio paghe, contabilità, marketing, risorse umane, previdenza, assicurazioni, salute e sicurezza, affari legali, progettazione e via dicendo. Sarete liberi di poter andare avanti con il vostro lavoro, sapendo che altri si occuperanno di tutto il resto.

Se invece siete titolari di una piccola attività e lavorate da casa *non* avrete niente di tutto questo. Sarete voi i responsabili di tutto.

Non ci sarà nessuno ad assegnarvi dei compiti da fare, a imporvi dei confini o a farvi rispettare le scadenze. Non avrete uffici di sostegno. Dovrete fare tutto da soli.

Con ciò non voglio descrivere un quadro troppo pessimistico, perché ci sono anche degli enormi vantaggi nel lavorare da casa. Io stesso lo faccio, per scelta, ormai da 20 anni. Ma è un tipo di lavoro che richiede attenzione e organizzazione se si vuole riuscire ad allestire una struttura efficiente.

Il primo aspetto da prendere in considerazione sono gli *orari di lavoro*. Se avete difficoltà a separare il lavoro dalla vita privata, è utile chiarire bene a livello mentale quando state lavorando e quando *non* state lavorando. Rispettate orari di lavoro precisi, gli stessi che avreste avuto lavorando in un ufficio. Una buona regola è la seguente: **quando lavorate, pensate solo al lavoro; quando non lavorate, non fate niente che riguardi il lavoro!**

Non importa quante ore al giorno lavoriate, purché lo abbiate stabilito voi. Uno dei vantaggi nel lavorare da casa è che potete decidere da soli il vostro orario di lavoro. Se scegliete di lavorare dalle 2 alle 10 del mattino e poi prendervi il resto della giornata per voi, va bene — nessuno vi impedirà di farlo (non se vivete da soli, almeno!) La cosa importante è che abbiate ben chiaro nella vostra mente quando state *lavorando* e quando state facendo *altro*.

Una volta definito il vostro orario di lavoro, dovrete chiarire alle persone che vivono con voi che durante quelle ore non potete essere disturbati. Uno dei problemi del lavorare da casa è che gli altri spesso non riescono a capire che si sta lavorando e si aspettano che ci si occupi delle faccende domestiche anche durante l'orario lavorativo. Dovete fissare dei paletti e farli rispettare. Il modo migliore per affrontare la cosa è fare un passo indietro e immaginare di avere un capo: voi stessi! Come vostro capo, dovrete chiarire a voi stessi quali sono le vostre condizioni contrattuali: a che ora si comincia e si finisce, quando vi è concesso fare una pausa, se potete ricevere telefonate personali durante l'orario di lavoro, quanti giorni di vacanza l'anno vi spettano di diritto e via dicendo. Come vostro capo, dovrete definire anche in che cosa consiste il vostro lavoro e assegnarvi i compiti da svolgere con le relative scadenze. E, come vostro capo, dovrete essere severi nel farvi rigare dritto.

Archiviazione

Un sistema che fa davvero la differenza nel mondo del *homeworker* (lavoratore da casa) è il sistema usato per archiviare carte e documenti.
Un buon sistema di archiviazione è quello in cui:

⊃   Avete a portata di mano ciò che vi serve più spesso;
⊃   Riuscite a trovare facilmente quello che vi serve meno spesso;
⊃   Sapete esattamente dove mettere i documenti senza doverci pensare.

La maggior parte dei sistemi di archiviazione non soddisfano questi requisiti. Il più delle volte sono così poco pratici che è difficilissimo avere a portata di mano quello che vi serve più spesso. Di conseguenza, tendete a metterlo dove sapete che riuscirete a trovarlo più velocemente, ossia dovunque tranne che in archivio. Molti sistemi di archiviazione sono così poco intuitivi da rendere impossibile trovare qualcosa che non avete consultato di recente. Di conseguenza, perderete un sacco di tempo a cercare quello che vi serve. Altri richiedono un elevato sforzo fisico e mentale. Quindi tenderete ad ammucchiare qua e là i documenti da archiviare, visto che farlo nel modo giusto è davvero troppo laborioso.

Tutti questi difetti fanno sì che molte persone finiscano per avere due sistemi di archiviazione distinti: l'archivio "ufficiale", quello in cui dovrebbero essere archiviati tutti i documenti, ma che richiede troppo sforzo; e l'archivio "ufficioso", formato da varie pile di carte e cartelline disposte senza alcun ordine.

Questo è un altro esempio di sistema che, con ogni probabilità, non porterà a niente di buono. Avere un sistema di archiviazione che funziona male può essere un vero ostacolo per la produttività. Nei riquadri troverete alcuni consigli su come allestire un sistema di archiviazione più efficiente!

Trovare le cose velocemente

Ecco un piccolo trucco che forse vi aiuterà a trovare più velocemente i dossier che usate più spesso. Con i dossier organizzati per argomento o in ordine alfabetico, probabilmente vi accorgerete che dovete pensare molto per trovare quello che vi serve. Io stesso trovavo questo sistema molto difficile. Prima di tutto, dovevo ricordarmi il nome del dossier e poi ricordarmi qual era il suo posto. Spesso scoprivo che non era dove avrebbe dovuto essere, ma da qualche altra parte. Le stesse difficoltà le avevo quando si trattava di mettere via il dossier: dovevo fermarmi a pensare *dove* andava messo.

Al contrario, avete mai notato quanto sia facile trovare un indirizzo Internet nel vostro browser dove le voci vengono ordinate secondo l'ordine di utilizzo? È di gran lungo il metodo migliore per trovare qualcosa che si usa regolarmente, perché la mente non ha difficoltà a ricordare quando è stata l'ultima volta che abbiamo utilizzato qualcosa.

È facilissimo fare lo stesso con i dossier. Personalmente, piuttosto che usare un armadietto come archivio, tengo tutte le mie carte in raccoglitori con meccanismo a leva disposti in ordine su una libreria. Ogni volta che uso un dossier, lo ripongo in fondo, a sinistra dell'ultimo scaffale in alto. In questo modo, ora tutti i dossier sono organizzati in base all'ordine di utilizzo. Risultato: riesco a trovare istantaneamente i dossier che uso di frequente. Un altro vantaggio è che non devo pensare a dove devo mettere un dossier dopo averlo utilizzato. Andrà sempre messo in fondo, a sinistra dello scaffale in alto.

Ho scoperto che il sistema funzionava così bene per i dossier che ora lo utilizzo anche per i libri. In questo modo non perdo più i libri che sto leggendo. Sapendo esattamente dove li ho messi, li ritrovo istantaneamente. Posso anche capire con esattezza quando è stata l'ultima volta che ho sfogliato un determinato libro. È un sistema molto semplice, ma funziona!

Il sistema di archiviazione giusto per avere successo!

Una delle principali ragioni per cui i nostri uffici tendono a trasformarsi in un vero e proprio caos è che non sappiamo che cosa fare di almeno la metà dei documenti che ci arrivano. Tendiamo quindi a parcheggiarli da qualche parte in attesa di occuparcene "dopo". L'inevitabile risultato sono pile di scartoffie disordinate e un arretrato di lavoro.

Uno dei sistemi più efficaci per essere sicuri di sapere sempre che cosa fare dei documenti che ci arrivano è avere un sistema di archiviazione facile da utilizzare e quindi aggiornato. Purtroppo, invece, la maggior parte delle persone, soprattutto nelle piccole aziende, cerca di lavorare con sistemi di archiviazione non adeguati.

☞ **Ricordate: per natura siamo portati a fare quello verso cui proviamo *meno* resistenza.**

Se il nostro sistema di archiviazione è scomodo e complicato, tenderemo a non usarlo, il che lo farà diventare anche superato, aggravando ulteriormente il problema. Al contrario, se il nostro sistema di archiviazione è veloce, istintivo e aggiornato, sarà più facile usarlo che non usarlo. La buona notizia è che per rendere operativo un sistema di archiviazione veloce, istintivo e aggiornato basta un giorno. Ecco come fare.

Per prima cosa, uscite a comprare molti raccoglitori con meccanismo a leva e fate spazio all'interno della libreria. Dimenticatevi di cartelline, raccoglitori ad anelli, cartelle sospese e di tutto il resto. I raccoglitori con meccanismo a leva, posti all'interno della libreria, sono il metodo migliore per archiviare i documenti. Stanno dritti, non cadono, possono essere spostati facilmente ed è molto semplice inserire e togliere i documenti dal loro interno. Inoltre, potete usare dei divisori per organizzarne il contenuto. Potete inserire i documenti che non volete forare dentro una cartellina di plastica trasparente e archiviare questa all'interno del raccoglitore. In caso di documenti molto piccoli, per esempio scontrini, basterà spillarli su un foglio di carta più grande e archiviare pure quello.

Come si fa a ottenere all'istante un sistema di archiviazione del tutto aggiornato? Facile. Dichiarate morto il vostro vecchio sistema di archiviazione e ricominciate da capo, aprendo tutti i dossier di cui avete bisogno. Ogni volta che vi arriva una nuova carta, aprite un nuovo dossier o inseritela in uno dei dossier già aperti. Organizzate i dossier come ho suggerito nel riquadro precedente, riponendoli all'estremità sinistra dello scaffale più alto della libreria dopo averli usati. I raccoglitori con meccanismo a leva si prestano a essere spostati in questo modo. Così facendo, avrete un sistema di archiviazione completamente nuovo e utile, grazie al quale sarete sempre in grado di ritrovare i documenti che utilizzate più spesso.

Contabilità

Per una persona che, come me, gestisce da casa un'attività in proprio è più facile svolgere i compiti di natura contabile su base giornaliera. In questo modo, a fronte di un piccolo sforzo quotidiano, si avrà il controllo completo sullo stato finanziario della propria attività, e le dichiarazioni IVA e fiscali potranno essere fatte con il minimo sforzo.

A prescindere dalle dimensioni dell'azienda in cui lavorate, è necessario che possiate accedere immediatamente a informazioni finanziarie aggiornate. Se il vostro sistema non è in grado di produrle, allora dovrà essere ristudiato affinché lo diventi. Non potrete esercitare alcun tipo di controllo finanziario facendo affidamento su conti trimestrali, o peggio, annuali prodotti settimane o mesi dopo la fine del periodo di riferimento.

Rubrica

I contatti sono essenziali per le piccole attività. Troppe imprese casalinghe però non tengono ben organizzata la rubrica con gli indirizzi e le informazioni di riferimento dei propri contatti. Di regola, ogni volta che contattate una persona dovete assicurarvi di registrare correttamente i dati che la riguardano.

Se la vostra rubrica degli indirizzi non è aggiornata, ricordate che anche questo è un arretrato di lavoro. Smaltitelo usando l'apposita procedura. Per prima cosa, correggete il sistema di registrazione dei nuovi contatti, e solo in un secondo momento preoccupatevi di aggiornare le vecchie informazioni. Anche se non riuscirete mai ad aggiornare i dati vecchi, scoprirete che in brevissimo tempo avrete una rubrica degli indirizzi che contiene quasi tutte le informazioni di contatto che vi servono.

Viaggiare

Alcune persone viaggiano molto per lavoro e altre svolgono il proprio lavoro in più sedi. Se rientrate in una di queste tipologie, è necessario che abbiate ben chiaro che cosa dovete fare e dove. Di solito infatti quando dobbiamo partire per un viaggio in genere ci portiamo dietro un po' di lavoro a caso. Il risultato è una mancanza di confini definiti tra le nostre varie sedi di lavoro e una mancanza di chiarezza in merito all'obiettivo da raggiungere. È molto meglio elencare attentamente quello che si intende fare e prendere con sé solamente i documenti necessari, piuttosto che buttare in borsa tutto quello che ci viene in mente sperando di recuperare in qualche modo.

Questo è stato solamente un breve accenno sull'enorme differenza che l'allestimento di sistemi corretti può fare sul vostro modo di lavorare. Il tempo che dedicate ai sistemi non è quasi mai sprecato e, di solito, viene ripagato mille volte o anche di più.

Quali dei seguenti esempi rappresentano sistemi di lavoro che funzionano *bene* e quali *male*?

1 Lavorate da casa. Il vostro partner continua a interrompervi chiedendovi di badare ai bambini o di occuparvi di altro.

✗ Questo non è un malfunzionamento di sistema, ma casomai una questione di confini. Tuttavia, va affrontato nello stesso modo: prendendosi il tempo per sedersi e trovare una soluzione che sia accettabile per tutti.

2 Tenete la scorta di articoli di cartoleria che vi servono a portata di mano, nel primo cassetto della scrivania.

✔ Questo non è un malfunzionamento di sistema. È un esempio di sistema che funziona bene.

3 Trovate difficile farvi pagare velocemente dai clienti. Più la società è grande, più sarà lenta nel pagare e più sarà difficile da sollecitare.

✗ In questo caso non di tratta di un malfunzionamento di sistema ma di *due*. Il primo riguarda il sistema che usate per accettare i clienti e concordare i termini di pagamento. Il secondo riguarda il sistema che usate per sollecitare il pagamento delle fatture insolute. Il secondo diventerà molto più efficace se correggerete il primo, ma entrambi richiedono attenzione. Non è certo un problema da tralasciare — molte piccole attività sono fallite per questo motivo.

4 Le piante del vostro ufficio stanno tutte morendo per mancanza di acqua.

✘ Si tratta chiaramente di un malfunzionamento di sistema. Dovrebbe essere ben chiaro come e quando le piante
devono essere annaffiate e chi ne è responsabile, il quale
dovrebbe essere supervisionato.

5 Aprite frequentemente dossier temporanei per gestire nuovi
progetti, in modo da avere un posto dove mettere le bozze,
gli appunti, le carte che usate di frequente, eccetera. Di solito
usate una cartellina a busta in cui inserire i vari documenti.
Non la chiudete con delle clip perché all'occorrenza volete
poter estrarre i vari documenti.

✘ Il problema in questo caso è che i dossier temporanei
tendono a finire ammassati a casaccio sul tavolo. È molto
più efficace archiviare le bozze e tutto il resto nell'apposito dossier. Apritene uno nuovo solo se assolutamente
necessario. Utilizzando il sistema di archiviazione che ho
descritto nel riquadro precedente, sarete in grado di trovare i documenti ancora più velocemente.

6 Il latte nel frigo dell'ufficio continua a scadere — di solito
proprio quando vi serve, perché magari state per offrire una
tazza di caffè a un cliente.

✘ Vedi Risposta 4.

Poche cose sono così urgenti da non poter essere svolte meglio posticipandole a domani.

CAPITOLO 16

CONCLUSIONE

L O SCOPO DI QUESTO LIBRO ERA RENDERVI AL 100 per cento più creativi, ordinati ed efficienti. In che misura ci è riuscito?
Proviamo a rifare il test proposto nel Capitolo 3:

Assegnate un punteggio da 1 a 10 alla vostra creatività
... ...
Assegnate un punteggio da 1 a 10 al vostro ordine
... ...
Ora moltiplicate i due punteggi.
Questo vi darà la percentuale della vostra efficienza:
... ... per cento

Se il vostro punteggio non è aumentato quanto avreste voluto, spuntate le voci che considerate vere nella lista di controllo che segue.

- ☐ Scrivo ogni giorno la lista delle cose che farò.
- ☐ Il mio obiettivo è completare su base quotidiana la lista delle cose che farò.
- ☐ Prendo nota di ogni cosa che faccio in più, rispetto a quelle che erano scritte nella lista.
- ☐ Se non riesco a completare la lista delle cose che farò, per più di tre giorni di fila, eseguo una verifica del mio lavoro per vedere se ne ho troppo, se lavoro in modo inefficace o se non mi concedo il tempo sufficiente per svolgerlo.
- ☐ Accumulo le e-mail e le sbrigo tutte insieme il giorno seguente.
- ☐ Accumulo i documenti cartacei e li sbrigo tutti insieme il giorno seguente.
- ☐ Accumulo i messaggi vocali e rispondo a tutti, in una volta sola, il giorno seguente.
- ☐ Accumulo i compiti e li sbrigo tutti insieme il giorno seguente.
- ☐ Ho un'apposita agenda in cui raccolgo tutti i compiti da fare il giorno seguente o quelli susseguenti.
- ☐ La prima voce della mia lista delle cose che farò ogni giorno è la mia iniziativa corrente.
- ☐ Ho una lista di iniziative correnti organizzata in base all'ordine in cui verranno svolte.

I punti della lista che non avrete contrassegnato sono quelli a cui dovrete rivolgere la vostra attenzione.

Buona fortuna!

COME CONTATTARE L'AUTORE

Se siete interessati a:

⊃ Diventare uno dei clienti che seguo
⊃ Conoscere il calendario dei miei corsi e seminari
⊃ Abbonarvi alla mia newsletter settimanale gratuita

potete trovare i dettagli aggiornati nel mio sito Internet:
www.markforster.net

A seguito di accordi intercorsi con l'autore, potrete trovare all'interno del nostro sito: www.sangiovannis.com e di *Fovea*, la newsletter-e-zine di Sangiovanni's, informazioni varie, articoli, materiale e iniziative che lo riguardano.

Vi invitiamo pertanto a prendere contatto con la redazione per qualsiasi necessità: info@sangiovannis.com

☆ ***Autofocus*** (**AF**), **il nuovo sistema di *Time Management* di Mark Forster.**
Scaricatelo gratis dal sito della Sangiovanni's — N.d.R.

INDICE
ANALITICO

Finito di stampare nel mese di novembre 2009
presso la Monotipia Cremonese — Cremona
per conto della **Sangiovanni's SRL**

La presente edizione di *Do It Tomorrow* è stata
prodotta attraverso standard elevatissimi e
usando carta di massima qualità: Arctic Paper
— Munken print white 90 g/m^2

Sangiovanni's riconosce l'importanza dell'ambiente e usa
carta certificata FSC* (Forest Stewardship Council) per realizzare
la quasi totalità dei suoi titoli.

*   Il marchio **FSC** (Forest Stewardship Council) identifica
prodotti contenenti legno che proviene da foreste gestite in maniera
corretta e responsabile secondo i più rigorosi standard ambientali,
sociali ed economici internazionali.
Per maggiori informazioni: **www.fsc-italia.it   www.fsc.org**